Nuevas Ideas y Trucos
Guía práctica del hogar

———————— 1 ————————

Organización de la casa, habitación por habitación

Dirección editorial: Raquel López Varela
Coordinación editorial: Ángeles Llamazares Álvarez
Diseño de la colección: David de Ramón y Blas Rico
Diseño de cubierta: David de Ramón y Blas Rico
Textos: Hemisferio
Maquetación: Carmen García Rodríguez y Eva Martín Villalba
Fotografías: Archivo Everest, Iñaki Preysler, Philippe Ugheto (páginas 22, 25, 29 -derecha- y 30 -superior e inferior-), James Hardy (página 39), Téo Lannié/Photoalto (página 33) y Corine Malet/Photoalto (páginas 20, 33 -superior- y 46 -inferior izquierda-).

No está permitida la reproducción total o parcial de este libro, ni su tratamiento informático, ni la transmisión de ninguna forma o por cualquier medio, ya sea electrónico, mecánico, por fotocopia, por registro u otros métodos, sin el permiso previo y por escrito de los titulares del *Copyright*.
Reservados todos los derechos, incluido el derecho de venta, alquiler, préstamo o cualquier otra forma de cesión del uso del ejemplar.
La infracción de los derechos mencionados puede ser constitutiva de delito contra la propiedad intelectual (arts. 270 y ss. Código Penal).
El Centro Español de Derechos Reprográficos (www.cedro.org) vela por el respeto de los citados derechos.

© EDITORIAL EVEREST, S. A.
Carretera León-La Coruña, km 5 - LEÓN
ISBN: 84-241-8401-7
Depósito Legal: LE: 36-2004
Printed in Spain - Impreso en España

EDITORIAL EVERGRÁFICAS, S. L.
Carretera León-La Coruña, km 5
LEÓN (ESPAÑA)

www.everest.es
Atención al cliente: 902 123 400

Nuevas Ideas y Trucos
Guía práctica del hogar

— 1 —

Organización de la casa, habitación por habitación

EVEREST

Índice

Introducción	7
ORGANIZACIÓN DE LA CASA	9
La organización del espacio	10
Conozca el esqueleto de su casa	10
La prioridad es la movilidad	10
Cambios estructurales	11
Cambios en la decoración	11
Feng Shui: el arte chino de armonizar el espacio	12
Los 8 enriquecimientos	12
El octógono de Pah Kwa	12
Corregir el Feng Shui	13
La luz y el color	14
La luz natural	14
- La intensidad	14
- Luz horizontal y vertical	14
- Regular la entrada de luz	14
La luz artificial	15
El color	15
El cuarto de estar	15
Dividir y prolongar los espacios	16
Soluciones prácticas para dividir espacios	16
Dar la espalda	17
Prolongar la vista	17
Elimine o abra nuevas puertas	17
El orden en casa	18
Las 10 reglas del orden en casa	18
La caja de herramientas	19
El botiquín	19
Trastos, cachivaches y otros enredos	20
10 reglas de oro para no acumular trastos	20
Electrodomésticos, robots y otras malas compras	20
La ropa	21
La organización del tiempo	22
Atrapar el tiempo	22
Replantear el tiempo	22
Fragmentar el tiempo	22
Encontrar un espacio de tiempo	23
Planificar el tiempo	23
Listas, agendas y calendarios	24
10 consejos para hacer listas familiares	24
Las listas personales	24
La gran lista del año	25
El pequeño listín telefónico	25
Sistemas de archivo	26
Cuestión de papeles	26
La oficina en casa	26
Del buzón a su sitio	26
Tenga su carpeta del hogar	26
Conceptos clasificatorios	26
Diferentes niveles de clasificación	27
El orden de clasificación	27
Control de la casa gracias al archivo	27
El ahorro en casa	28
Los suministros de la casa	28
Ahorro en el recibo y ahorro global	28
Consejos para ahorrar luz	29
Consejos para ahorrar agua	30
Consejos para ahorrar teléfono	30
Consejos para ahorrar gas	31
La seguridad en el hogar	32
Prevención de incendios	32
Consejos para prevenir incendios	32
Tipos de extintores	33
Los incendios	33
Comportamiento ante un incendio	34
Prevención de inundaciones	34
La regla de los 3 cortes	34
Evitar los atascos en las tuberías	34
Prevención ante los robos	35
Pequeños accidentes domésticos	36
Consejos para evitar accidentes domésticos	36
Primeros auxilios caseros	37
La casa ecológica	38
Organizar la casa ecológica	38
El aislamiento de la casa	38
Consejos para mejorar el aislamiento	38
Casa y planeta limpios	39
Los residuos por el inodoro	39
Mobiliario y armarios	39
Bricolaje ecológico	39
El ruido como contaminación	39
HABITACIÓN POR HABITACIÓN	41
Las diferentes estancias de la casa	42
Organización general de las estancias	42
Vestíbulos	43
Escaleras	43
Pasillos	43

La cocina del siglo XXI	44
Los nuevos modelos de hogar	44
Las nuevas tendencias de la cocina moderna	45
Las grandes adaptaciones	45
La rigidez de la cocina	45
La cocina tecnológica	45
La cocina-comedor	45
La nueva alimentación	46
El nuevo almacenamiento	46
3 líneas, 3 trucos	47
Las 4 zonas principales de la cocina	48
Los 4 usos de una cocina y sus espacios correspondientes	48
Establezca prioridades	48
Clasifique las cosas en 3 niveles	48
Desplace cosas fuera de la cocina	49
El "triángulo sagrado"	49
Utilice ruedas	49
Piense en plegables	49
Las encimeras	49
Las 5 distribuciones	49
El almacenamiento en la cocina	50
A cada zona sus complementos	50
¿A la vista o en armarios?	50
¿Diseño aséptico o estilo rústico?	50
Estantes móviles	50
Basura selectiva	50
Una escalerilla en la cocina	50
Tarros herméticos	50
El congelado de alimentos	51
La bodega	51
La limpieza en la cocina	52
Limpieza del fregadero	52
Limpieza del horno	52
Malos olores en el horno	52
Limpieza del microondas	52
Limpieza del congelador	52
Limpieza de la nevera	52
Malos olores en la nevera	53
Limpieza de bombillas y fluorescentes	53
Prevenir la condensación	53
Limpieza de la campana	53
Manchas en la encimera	53
Baldosas y azulejos	53
Contra los malos olores en la cocina	53
El ahorro en la cocina	54
Cocine para 2 días	54
Compre productos de temporada	54
Controle la calidad de los alimentos	54
Reaproveche bien los alimentos	55
Compre grandes cantidades	55
Cocine con imaginación	55
Organice el consumo para no tirar nada	55

Terrazas y balcones	56
El problema del peso	56
El riego	56
El viento y el sol	56
Su jardín acuático	57
La despensa en la terraza	58
Los árboles frutales	58
Cuidados generales	58
Las verduras	59
El jardín	60
Los 6 elementos del jardín ideal	60
Las 4 áreas de la vida	60
Las 10 normas básicas del Feng Shui	61
La biblioteca	62
El concepto de biblioteca	62
Criterios de organización: el truco de las dicotomías	62
Las bibliotecas son algo más que libros	62
Las 10 reglas de oro para formar una biblioteca	63
El despacho en casa	64
El despacho integrado en otra habitación	64
¿Qué actividad desarrolla?	64
Feng Shui en su despacho	64
La iluminación	65
El orden es fundamental	65
Aporte personalidad a su despacho	65
Espacio multifuncional	65
Vestíbulos, recibidores y pasillos	66
Formar un único conjunto	66
Materiales prácticos	66
Busque la calidez	66
Aproveche los rincones	67
Sin obstáculos	67
Rompa la sensación de tubo	67
Rentabilice estos espacios	67
La puerta principal y el Feng Shui	67
Rincones difíciles	68
Los ábsides acristalados	68
Utilizar el ángulo como escenario	68
Potenciar la curva	68
Soluciones prácticas para rincones difíciles	69
Muebles y accesorios complementarios	70
Armarios empotrados y muebles a medida	70
Muebles polivalentes	70
Muebles y accesorios del recibidor	71
Accesorios para el televisor	71
Los módulos componibles	71
Un buen repertorio de mesitas	71

Introducción

A veces, los más pequeños detalles son fundamentales para crear un determinado ambiente. Déjeme que le ponga un ejemplo: en noviembre de 1999, la estación de trenes de la ciudad de Heerlen, cerca de Maastricht, decidió emitir música clásica en sus instalaciones. ¿Sabe para qué? Simplemente para evitar la presencia de drogadictos que se instalaban en los pasillos de la estación. Los holandeses habían copiado la idea de la compañía de metro de Hamburgo, que ya había obtenido muy buenos resultados, así que parece que Bach, Beethoven y Chopin han abierto un nuevo campo para la cultura disuasoria.

El ejemplo muestra que un gran problema puede tener una solución sencilla, y que el medio es determinante para crear un ambiente u otro. En ocasiones, dejamos que el estrés, el ruido, los trastos, el desorden y otras alteraciones invadan nuestra casa, se apoderen de nuestras vidas y deterioren nuestro entorno. A veces, para tener una casa más acogedora basta con una mano de pintura de un color más cálido, unos cuadros más alegres o cuatro flores en la ventana... menos trastos en medio y parece que la casa ya respira de otra forma.

La primera parte de este libro se centra en las cuestiones generales para la organización de la casa. Una correcta organización del espacio, a la que se dedican varios capítulos, proporciona sensación de orden, de amplitud y de confort, y una buena organización del tiempo ayuda a saborear y rentabilizar cada momento del día. En esta primera parte también encontrará trucos y consejos prácticos para el ahorro, la seguridad en el hogar y la ecología en casa.

La segunda parte se concentra más en las diferentes estancias, muy especialmente en la organización de la cocina, aunque también hay capítulos dedicados a los pasillos, el recibidor, la biblioteca, el despacho y hasta algunos trucos para la terraza, el balcón y el jardín.

Esta estructura de los capítulos le permite aplicar los trucos de manera concreta y efectiva, pero no olvide el ejemplo del principio: lo que finalmente resulta determinante es el ambiente que se crea. El orden de las cosas está directamente relacionado con nuestro orden mental. Y recuerde también que los trucos son como las costumbres: una vez asimiladas, funcionan sin que nos demos cuenta.

Esperamos que tanto estas cuestiones generales como la serie de trucos que encontrará a continuación les sirvan para mejorar de verdad la organización de su casa que, en definitiva, es la organización de su vida.

Organización de la casa

La organización del espacio

La correcta organización del espacio es una cuestión práctica. Con una buena distribución de su casa aprovechará más el espacio y disfrutará de más comodidad y bienestar. Primero hay que plantearse una visión general de la casa, que afecta a la distribución de las estancias y a sus diferentes usos. La orientación de las habitaciones repercute en la luz natural de la que puede disfrutar, y también en la temperatura que tendrá en cada una de ellas. Las habitaciones que dan al Norte tienen menos luz natural y suelen ser las más frías, mientras que las habitaciones que dan al Sur pueden ser muy agradables en invierno pero muy calurosas en verano. Unas estancias pueden tener problemas de insonorización, porque dan a la calle o a un área comunitaria, y por tanto no son las mejores para descansar o trabajar, y otras pueden tener problemas de movilidad, porque se han de compartir con otros miembros de la familia. Luego, hay una segunda cuestión, que es la distribución del espacio dentro de cada una de estas estancias. Aquí se unen los elementos prácticos y los elementos estéticos. La elección de los muebles adecuados, la comodidad de la estancia, su multifuncionalidad y otros aspectos determinarán su óptimo aprovechamiento.

Conozca el esqueleto de su casa

Es importante que conozca cuáles son las paredes maestras, las medianeras y los tabiques de su casa, ya que esto le permite replantearse la distribución general del espacio. Tres habitaciones pequeñas pueden transformarse fácilmente en dos más grandes tirando un tabique, o un salón puede ampliarse considerablemente si se le une la habitación contigua. También puede ocurrir al revés, quizá necesite un nuevo tabique para separar estancias. Sea como fuere, piense de forma abierta, no mire la distribución de la casa como algo fijo y no tenga miedo a replantearse el espacio.

La casa debe adaptarse a las nuevas circunstancias: puede que hayan tenido un hijo, que usted se haya establecido por su cuenta y trabaje en casa, puede que tengan que traerse a los abuelos a casa, o que sean ustedes los abuelos y ya se hayan marchado sus 3 hijos.

La prioridad es la movilidad

Una cosa es la casa sobre el plano, cómo se la imagina, y otra muy distinta es vivir en ella. La distancia entre lo estático y lo dinámico resulta abismal. Si cada vez que pasa por el pasillo tiene que esquivar el jarrón chino, o cada vez que pisa la alfombra ha de hacer equilibrios, no hay buena movilidad. Los pasos principales han de estar despejados, y los objetos delicados, en rincones protegidos. Piense que encontrarse un obstáculo diez veces al día es una fuente de estrés asegurada.

Cambios estructurales

Son más costosos, ya que incluyen obras y permisos, pero muchas veces suponen un cambio importantísimo en la casa. Estos son algunos ejemplos:

➤ Tirar o levantar diferentes tabiques.

➤ Bajar los techos para ganar altillos.

➤ Cubrir parte de la terraza para ampliar el salón.

➤ Crear armarios empotrados.

➤ Abrir un hueco para pasar platos de la cocina al comedor, etcétera.

Cambios en la decoración

Dan mucho margen y están al alcance de los presupuestos más modestos:

➤ Las mayores innovaciones se han creado en el diseño de interiores para habitaciones de niños. Las literas ganan espacio en vertical y se aprovechan para crear zonas de estudio, armarios y cajoneras integradas en un solo bloque.

Recuerde

Quien construyó la casa lo hizo atendiendo a necesidades generales y usted tiene necesidades personales.
Hay que pensar en 3 dimensiones: conciba el espacio en vertical, a lo largo y a lo ancho. Aproveche la creatividad de los diseñadores y la movilidad de las ruedas y las guías.

Cualquier catálogo de muebles incluye un buen repertorio de estas habitaciones.

➤ La incorporación de ruedas a muchos muebles ha revolucionado el concepto estático de la decoración. Mesas, botelleros, muebles para el televisor, carritos y otros accesorios permiten cambiar los muebles de sitio según las necesidades del momento. Hoy son elementos claves para la multifuncionalidad de una sala.

➤ Lo mismo ocurre con las guías: el caso más ilustrativo es el de las bibliotecas, donde la estantería frontal se desplaza para poder acceder a la estantería trasera.

➤ Las mesas de ordenador son un caso especial: la pantalla y el teclado ya no se "comen" parte del escritorio, y el diseño atiende tanto a la economía de espacio como a la comodidad en el trabajo. Además, existen diseños muy cuidados y a buen precio.

Feng Shui: el arte chino de armonizar el espacio

El Feng Shui se practica en China desde hace 3 000 años. Es un conjunto de técnicas ancestrales para vivir en armonía con el entorno. Los chinos se preocupan mucho por el emplazamiento y la orientación de sus casas, por la decoración y por el uso que se le da a cada habitación y siempre buscan un diseño que armonice con la Naturaleza. Hoy, el Feng Shui se practica en todo el mundo, e incluso existen decoradores especializados en esta técnica.

Los 8 enriquecimientos

Según el Feng Shui, la casa se divide en 8 áreas llamadas "enriquecimientos". Cada una de ellas corresponde a un aspecto de la vida: **la fama, la salud, el placer, los amigos, las relaciones, los hijos, la educación y el dinero**. Es muy importante que estos enriquecimientos estén bien orientados. La fama siempre mira hacia el Sur y lo ideal es que esté en la puerta de casa. El resto de enriquecimientos corresponden al resto de estancias. Únicamente hay que conocer qué espacios de su casa son los indicados para potenciar cada enriquecimiento.

El octógono de Pah Kwa

Las 8 áreas que corresponden a los 8 enriquecimientos se encuentran representadas en el octógono de **Pah Kwa**. El octógono tiene que ponerse sobre el plano de la casa en cuestión y así ver qué energías positivas están potenciadas en cada punto de su hogar.

Recuerde

Los chinos creen en una energía universal llamada Ch'i. Al abrir la puerta, deja que entre el Ch'i y aporte vitalidad.

1. Elabore un plano sencillo de su casa (o un esquema de las habitaciones, más o menos a escala) y marque claramente la puerta de entrada en casa.
2. Calcule la orientación de su casa con una brújula y señale dónde está el Sur. Si no tiene brújula puede orientarse por el movimiento del sol. Recuerde que el sol sale por el Este y se pone por el Oeste.
3. Dibuje un octógono del Pah Kwa, preferiblemente sobre papel transparente y un poco

más grande que el plano de la casa.

4. Superponga el octógono sobre el plano haciendo coincidir el centro de la figura y el centro del plano, y situando la fama en la parte Sur de la casa.

5. Ahora puede ver qué aspectos de la vida están potenciados en cada estancia. Mire si donde estudian sus hijos corresponde a la educación, si donde trabaja usted corresponde al dinero, o si el área del placer está bien localizada.

Lo más adecuado sería tener, por lo tanto, la fama en la puerta de entrada, el placer en su habitación, etc.

Recuerde

El octógono de Pah Kwa puede resultar muy útil porque nos ayuda a localizar las energías positivas en cada punto de la casa. Quizás últimamente falla la relación de pareja y resulta que el placer cae sobre el área de trabajo, ¿será que el trabajo le absorbe tanto que descuida su relación de pareja? Recuerde que puede activar la energía positiva siguiendo alguno de los consejos anteriores.

Corregir el Feng Shui

No se preocupe demasiado si la situación de las habitaciones no coincide del todo con los **enriquecimientos ideales**. Siempre puede pasar el despacho a otra estancia, incluso acondicionar un rincón en el salón, o cambiar a los niños de habitación.

En otros casos no podrá hacer estos cambios, pero existen pequeñas acciones que se pueden realizar sobre una habitación que ayudan a **purificar sus energías** y a corregir las orientaciones inadecuadas. La idea es superar la mala orientación con una buena armonía interna.

Plantas

➤ Incorpore plantas a la decoración, sobre todo con hojas redondeadas que dejan fluir mejor la **energía**. Piense que la vida de las plantas se asocia al enriquecimiento del dinero.

➤ Armonice la **cocina** con la **Naturaleza** siguiendo las estaciones del año: tenga a la vista las frutas y plantas de cada temporada.

Colores

➤ Los colores **pálidos** transmiten *paz y armonía*; los colores más **alegres** se relacionan con el *enriquecimiento de los niños*.

Movimiento

➤ El **movimiento** se relaciona con el **enriquecimiento de las relaciones**: el agua es lo ideal, pero también puede utilizar móviles, campanillas, telas, etc.

Espejos

➤ Ponga un espejo **en una estancia orientada incorrectamente** y el reflejo mostrará la imagen bien orientada.

➤ Ponga espejos también para **rechazar energías negativas**, como una habitación orientada hacia una vista desagradable.

➤ Añada espejos y velas **para mejorar la iluminación**, ya que la luz es una de las manifestaciones más puras de energía.

Agua y peces

➤ Tenga una pecera en casa: el agua y los peces (siempre en número impar) son **símbolo de vida**. Piense qué falta en su existencia y ponga un remedio. Si no puede tener una pecera, utilice figuritas o estampados con algún pez.

13

La luz y el color

La luz y el color producen sensaciones que pueden mejorar notablemente nuestra noción del espacio. La luz natural transmite más vida, más naturalidad y más alegría que la luz artificial. Por su parte, los colores blancos aumentan la sensación de paz y de amplitud, y los tonos vainilla o melocotón aportan calidez a la habitación. La correcta elección de estos matices repercute directamente en las sensaciones psíquicas que produce la casa, así que vale la pena tener presente algunas consideraciones.

La luz natural

La intensidad

- Las ventanas orientadas al **Sur** dejan entrar luz intensa.
- Las orientadas al **Norte** proporcionan una luz fría y constante.
- Las que miran al **Este** reciben luz intensa por la mañana y luz neutra al ir avanzando el día.
- Las orientadas al **Oeste** muestran luz de tarde, a veces rojiza con la puesta del sol.

Ahorre dinero

Si aprovecha al máximo la luz natural del día, notará cómo la factura de la luz baja considerablemente. Aproveche la luz natural de una habitación utilizando un espejo que la refleje hacia una zona oscura.

Luz horizontal y luz vertical

- En **verano** la luz penetra con más verticalidad.
- En **invierno** la luz es más horizontal.

Regular la entrada de luz

- Una **doble cortina** es muy efectiva: una opaca más cerca del cristal y una más fina y decorativa por delante.
- Las **cortinas de desplazamiento vertical** permiten que entre luz sólo a ras del suelo o por la parte alta, facilitando la entrada de luz y manteniendo la privacidad.
- Los **visillos** permiten un buen paso de luz, incluso cuando cubren toda la ventana.

- Las **persianas y porticones** son los métodos más extremos, pues permiten dejar totalmente a oscuras la habitación. Una persiana casi totalmente bajada, que deja entrar la luz por las finas líneas que separan las láminas, crea una luz rayada que decora la habitación y que resulta muy relajante.
- Mantenga los **cristales** siempre lo más limpios posible, y use productos de limpieza adecuados: mejorará la entrada de luz y evitará los reflejos.
- Una **pared blanca** favorece la luminosidad; una **oscura** absorbe la luz.

La **iluminación general** se sitúa normalmente en el techo o en apliques en la pared y alumbra toda la estancia.

La **iluminación puntual** se concentra en un lugar concreto, junto a una butaca de lectura, junto al sillón donde se cose o en un escritorio. Es fundamental para mejorar la calidad de visión de algunas tareas concretas, y básica para no forzar la vista.

La luz artificial

La **iluminación de exposición** realza un objeto concreto, por ejemplo un cuadro, una escultura o una vitrina de trofeos. Muchas veces se utiliza como luz ambiental, por ejemplo dejando el acuario siempre encendido en el salón, de manera que si se levanta por la noche la casa no está totalmente a oscuras.

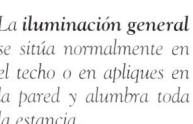

Factores psicológicos del color

➤ Los colores **cálidos** (del amarillo al rojo) son estimulantes e inspiran proximidad. Deben dosificarse en pequeños detalles, ya que son muy intensos.

➤ Los colores **fríos** (azules, verdes y violetas) relajan e inspiran lejanía.

➤ Los colores **neutros** (como el gris y el beige) combinan bien con todo y son tranquilizantes.

La **iluminación decorativa** no busca tanto la iluminación práctica; más bien pretende realzar la belleza y los aspectos decorativos que ofrece la luz. Puede utilizar luces de colores, luces que iluminan el interior de un objeto, etc. Consulte las revistas especializadas: aparecen numerosas ideas.

El color

➤ Un espacio **demasiado grande** se reduce con colores cálidos y oscuros.

➤ Un espacio **pequeño** parece más amplio en blanco, con tonos claros y fríos.

➤ Los **contrastes fuertes** rompen la unidad y reducen el espacio.

El cuarto de estar

Suele ser la estancia más complicada de la casa a la hora de establecer un esquema de iluminación, ya que se utiliza de día y de noche y concentra diferentes actividades. Un salón soleado armonizará bien en tonos azules y verdes con una iluminación cálida por la noche. Sin embargo, un cuarto de estar sombrío quizá necesite tonos anaranjados y amarillos para crear sensación de calor.

Dividir y prolongar los espacios

Las paredes no son el único modo de dividir el espacio de una casa. Existen numerosas posibilidades para dividir las estancias sin hacer obras, soluciones muy económicas y que aportan personalidad a nuestro hogar. Lo importante es definir los diferentes ambientes aprovechando el espacio al máximo. Son técnicas que suelen utilizarse en estudios o apartamentos pequeños, y también en estancias grandes pero multifuncionales.

Soluciones prácticas para dividir espacios

Éstas son algunas de las propuestas más interesantes para dividir espacios. El tipo de separación depende del nivel de aislamiento que busque. Una cocina debe cerrarse totalmente, mientras que una cama puede transparentarse tras una tela o unos estores de caña.

- **Los biombos** son separadores plegables y transportables. Tienen la gran ventaja de que se pueden llevar de un sitio a otro y se pueden abrir o cerrar a voluntad.

- **Las puertas plegables** son cada vez más utilizadas. Pueden separar una sala en dos para sólo utilizar una o ambas y son muy útiles cuando no hay espacio para abrir todo el ángulo de la puerta. Se utilizan mucho para ocultar cocinas en los estudios.

- **Los estores de caña** también son muy prácticos. Colgados del techo, separan estancias dejando pasar la claridad y creando una luz cálida, y enrollados hacia arriba abren todo el espacio. Se utilizan cuando la sala de estar y la cama están en el mismo espacio, o para separar sala y área de trabajo.

- **Las estanterías y librerías** sin fondo son muy adecuadas para separar espacios de forma clara, pero dejando que la luz respire entre los huecos de los libros y figuras.

- **Las barras** son muy decorativas para separar dos estancias en la cocina, la cocina del comedor en un apartamento, o incluso el mueble bar en un salón.

- **Diferentes colores en las paredes** de una zona y otra pueden ser suficientes para establecer separaciones sin una división física clara. La sensación visual tiene ese poder.

- **Las alfombras** pueden ser también suficientes para marcar espacios. En un rincón de la sala, una alfombra amplia bajo el escritorio define un ámbito especial para el trabajo.

- **La iluminación** también crea estas sensaciones, colocando, por ejemplo, una luz puntual para la lectura junto a una butaca.

16

Dar la espalda

A veces, las cosas son mucho más sencillas de lo que parecen. Basta con orientar un sillón de espaldas a la cama para evitar continuamente la sensación de un solo ambiente.

En las casas con diferentes estancias esta técnica se suele utilizar mucho para separar el salón del comedor. Para este fin, es habitual ver un sillón de espaldas al comedor, o bien un sofá en "L" que aporta la misma sensación.

Truco ecológico

Utilice plantas colgantes para separar estancias. Pueden colgarse del techo si no son muy pesadas, y dan un aspecto muy fresco y natural a la estancia.

Prolongar la vista

Otra forma de trasladar los espacios es orientar la mirada hacia las ventanas y balcones. Un pequeño escritorio junto a una ventana prolonga la vista más allá de los límites espaciales de la habitación, de manera que la sensación es que la estancia queda ampliada por el espacio exterior.

Elimine o abra nuevas puertas

Para prolongar la vista puede eliminar algunas puertas. A veces, es cómodo no encontrar una puerta para entrar a lavarse las manos o mirarse un momento en el espejo. Puede que la puerta deba estar en la ducha o en el retrete y no en todo el cuarto de baño. Piense también si es necesaria la puerta que separa el pasillo del salón. En numerosas ocasiones, los pasillos se convierten en un escaparate de puertas y la casa parece un hotel. También puede ocurrir todo lo contrario: que le interese abrir una puerta entre 2 habitaciones porque tiene una persona enferma a su cargo o porque continuamente va de una estancia a la otra.

El orden en casa

El orden es la colocación de las cosas en su lugar correspondiente. Es una rutina que una vez adquirida facilita enormemente la vida. Cada cosa está en su sitio y por tanto es fácil encontrarla, está en buen estado de conservación y junto a otras cosas similares. No hay nada peor que ir a buscar un libro y encontrar la portada doblada, el libro abierto con un ovillo de lana aplastado en su interior y algunas migas de pan entre las páginas. Seguro que si se colocara en la biblioteca cada vez que se deja de leer no habría pasado por el costurero y por la cocina. Cuando se descubre que, con un mínimo de esfuerzo y de rutina, se puede mejorar enormemente la calidad de vida, ya se conoce el gran secreto del orden.

Las 10 reglas del orden en casa

1. Un poco de orden es muy positivo; un exceso de orden puede ser agobiante.
2. No hay duda de que el orden economiza espacio, tiempo y dinero.
3. El orden en las cosas está relacionado directamente con el orden mental: una cabeza ordenada acaba organizando bien la casa, pero también ocurre que una casa ordenada ayuda a organizar mejor la mente.
4. En cuestión de orden hay que marcarse metas realistas; a veces basta con ordenar un armario para aliviar el peso del desorden.
5. Es más fácil mantener el orden día a día que dejar que el desorden se apodere de la casa y tener que empezar de cero.
6. El orden de la casa tiene que ser cosa de todos los miembros de la familia: como si de una empresa se tratase, lo mejor es la especialización del trabajo, que cada uno se encargue de una tarea o de una habitación.
7. No haga las cosas dos veces si puede hacerlas una sola vez; el ejemplo más claro se encuentra en la cocina: el estofado que cocina hoy estará delicioso, incluso mejor aún, para mañana, así que no dude en incrementar la cantidad y cocinar una sola vez para dos servicios.
8. Si lo piensa un poco, seguro que la mitad de las cosas que tiene no sirven para nada, son trastos que ha ido acumulando con el tiempo y que constituyen el principal elemento de desorden: regale y tire con generosidad.
9. La memoria es limitada, así que no intente retenerlo todo: una buena opción es hacer listas de tareas pendientes, así como utilizar agendas para recordar las fechas señaladas.
10. Cada cosa tiene que estar siempre en su sitio: no perderá inútilmente el tiempo en encontrarla ni, por supuesto, tendrá que esforzarse en recordar dónde está. Hágalo en archivadores, armarios, altillos, cajones.

Desde el cajón de la ropa interior hasta el cuarto trastero, pasando por el interior de la nevera, la despensa, la habitación de los niños o el cuarto de la plancha, cualquier lugar es más agradable y práctico con un poco de orden.

La caja de herramientas

➤ El orden le asegura encontrar siempre las herramientas que busca, que estén en buen estado de conservación y que no encuentre puntas descontroladas que puedan herirle cuando introduce la mano en la caja.

➤ Utilice fundas para las herramientas punzantes.

➤ Utilice tarros transparentes para guardar e identificar clavos, tornillos y otros elementos de pequeño tamaño.

➤ Coloque trozos de tiza por la caja de herramientas y evitará que éstas se oxiden.

➤ Guarde las herramientas en un cubo lleno de arena seca y también evitará que se oxiden.

➤ Enrolle cuerdas, cordeles y cables en el rollo de cartón que queda del papel higiénico o a algún tubo similar y no los encontrará siempre liados con las herramientas.

El botiquín

➤ Separe el botiquín de primeros auxilios del botiquín de medicinas; así podrá acceder fácilmente a lo que necesite en caso de urgencia.

➤ Mantenga el botiquín a mano de los adultos, pero fuera del alcance de los niños.

➤ Reponga lo que usa habitualmente en el mismo momento en que se acaba; de lo contrario, cuando lo necesite no lo tendrá.

➤ Tire los medicamentos caducados periódicamente, al menos una vez al año. Muchas veces permanecen en el botiquín tanto tiempo que el día que se tienen que utilizar ya no sirven.

➤ Tenga siempre algunos elementos básicos: tiritas, crema antihistamínica para picaduras de insectos, gasas y esparadrapo, unas pinzas, unas tijeras, etc.

➤ Incluya un listado con los teléfonos de urgencia más importantes.

Advertencia

Cuidado con la automedicación. No haga como en la antigua Babilonia que, a falta de médicos, los enfermos se exhibían en la plaza del mercado para que la gente que pasaba les aconsejara cómo curarse.

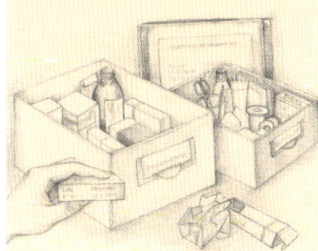

Trastos, cachivaches y otros enredos

A veces es sorprendente la cantidad de trastos que somos capaces de acumular. Cada miembro de la familia aporta su porción de enredos hasta que la casa va quedando "asfixiada". Retales de tela para hacer un día una mantelería, recortes de periódico para escribir un artículo alguna vez, aquel mueble que le da pena tirar a la abuela, la bicicleta que hace 3 años que no usamos, aquella ropa de hace dos temporadas y que ya no se pone… Todo esto se desparrama por debajo de las camas, en los altillos, en el garaje y en los cajones de toda la casa y sólo ocupa sitio, crea desorden y acumula polvo. Hay que poner fin a esta situación antes de que el caos y la inutilidad se apoderen de su hogar.

10 reglas de oro para no acumular trastos

1. Pregúntese si realmente va a utilizar los objetos que no ha usado en los últimos 12 meses.
2. Asigne fechas señaladas, como los últimos días del año o las vacaciones de agosto, para proceder a limpiezas selectivas de los armarios, de su despacho o de su cómoda.
3. No guarde cosas estropeadas que sabe que nunca va a reparar.
4. Piense si alguna persona que conoce puede utilizar lo que va a tirar, y dígale que pase a buscarlo hoy mismo si lo quiere. No lo guarde más de un par de días o se encontrará con el mismo trasto cambiado de lugar.
5. Despréndase sin dudarlo de ese repertorio de ropa que hace años que no se pone (no sea tan decidido/a con las prendas de su pareja o sus hijos). Piense en vecinos o conocidos que puedan aprovecharla, o llame a asociaciones especializadas en recogida de ropa usada.
6. No tire o regale los juguetes de los niños sin consultarles.
7. Guarde algunos periódicos pero no acumule toneladas de papel inútil. Utilice los contenedores especiales para su reciclado.
8. Actualice por lo menos una vez al año su botiquín y deshágase de los medicamentos caducados.
9. Detenga los objetos "dudosos" en la misma puerta de entrada de casa y así no se convertirán en un trasto más en su hogar.
10. Guarde todo en cajas y bien ordenado, y de esta manera podrá conservar los trastos más inútiles a los que ha cogido cariño sin que nadie piense que son trastos.

Electrodomésticos, robots y otras malas compras

Según las estadísticas, el 95% de las personas que compran aspiradores y otros electrodomésticos con multitud de accesorios no llegan a utilizarlos

20

nunca por completo. Así se acumulan brazos extensibles, diferentes bocas y multitud de adaptadores. Lo mismo ocurre con los robots de cocina: se acaba teniendo una picadora, una trituradora, una licuadora, un exprimidor, una batidora, una tostadora y un largo etcétera que colapsa los armarios de la cocina. Muchos de ellos incluso dan más trabajo para limpiarlos del que han ahorrado en su uso. Elíjalos bien y tenga pocos.

Ahorre esfuerzos

Seleccione primero y clasifique después. Piense qué quiere conservar y de qué quiere deshacerse. Lo que va a salir de su casa divídalo en lo que tira y lo que va a regalar. Luego tire, llame y regale de forma inmediata. Con lo que se queda haga también dos grupos: lo que quiere tener a mano y lo que desea guardar bien. Lo primero debe tener un fácil acceso en el día a día, y lo segundo debe empaquetarse bien y guardarse en los altillos y las partes traseras de los armarios.

Consulte a sus conocidos y compre siempre el mismo modelo y marca que le recomiendan. Sólo con el uso diario se ve si un robot es realmente útil.

La ropa

Éste suele ser uno de los grandes dramas en la vida de una persona. Hay hombres que al no ver su camisa azul en el armario son incapaces de escoger entre las otras 10 que tiene limpias, y las mujeres ante un armario repleto suelen decir que no tienen que ponerse. De hecho, es fácil que únicamente utilicemos el 20% de nuestra ropa.

Lo más normal es tener varios pantalones y acabar siempre con los mismos tejanos. Cuántos zapatos se marchitan en el zapatero porque nos parece que no combinan con la ropa, o sencillamente porque nos hacen daño. Así se van acumulando prendas que aprietan y arrugan la ropa, dando al armario un aspecto desordenado que nos impide ver qué ponernos.

La rueda del consumo gira dentro del armario con más fuerza que en ningún otro lugar. Intente controlar sus necesidades en la medida de lo posible, compre poco, o lo necesario, y bien, pruébese siempre lo que compra y piense si le combina con el resto de vestuario que tiene. Al llegar a casa haga limpieza. Reflexione quién puede aprovechar la ropa que no usa, llame a las organizaciones de recogida de ropa usada y tire la que está ya muy vieja o deteriorada.

La organización del tiempo

Seguro que conoce personas que trabajan, estudian, van a clases de inglés y encima tienen un par de aficiones. Pero usted hace un mes que no acude al gimnasio, no encuentra un momento para ordenar el garaje y empieza a ver claro que nunca aprenderá inglés. La excusa es siempre la misma: no tiene tiempo. ¿Cómo es posible que algunas personas expriman tanto el tiempo y otras tan poco? Quizá dediquemos un tiempo excesivo a la televisión, tal vez apuremos hasta las nueve menos veinte en la cama o puede que estemos simplemente mal organizados. La experiencia dice que lo último es lo más frecuente, así que he aquí algunos consejos para organizar mejor el tiempo.

Atrapar el tiempo

La vida y la estructura mental humana se organiza en torno al tiempo. Estará de acuerdo en que casi todos los pensamientos se ordenan en el tiempo: la memoria organiza el pasado cronológicamente, el presente está íntimamente ligado al reloj y el futuro está limitado por la muerte. La visión del tiempo es, por tanto, casi infinita. La única forma de materializar el tiempo es dominando el espacio de tiempo que hay al alcance de nuestra mano. Sin duda, programar el tiempo es la forma de dominarlo. No se consigue mucho diciendo lo que vamos a hacer: hay que hacerlo.

No basta con querer ser médico, hay que matricularse en la facultad y aprobar las asignaturas del primer cuatrimestre del primer curso y así sucesivamente el resto de cursos. El futuro, sin duda, se trabaja hoy. El tiempo sólo se puede vencer dominando el ahora y planificando el mañana.

Replantear el tiempo

Divide y vencerás, dice la frase. Ocurre con los enemigos, pero también es aplicable al tiempo. Divida el tiempo en horas, en días, en semanas, en meses y en años. Establezca un calendario y apóyese en la agenda. Controle el tiempo que dedica a una determinada actividad y quedará sorprendido. Quizá se asuste del tiempo que pasa frente a la televisión, del poco tiempo que dedica a la lectura, de las horas que pierde en desplazarse por la ciudad o del tiempo que le dedica de verdad a su pareja. Contabilice todo ese tiempo y el resultado le ayudará a reconsiderar si es así como quiere organizar su vida.

Fragmentar el tiempo

Hay actividades que, sin preverlo, acaban devorando una gran parte de nuestro tiempo. La televisión es la más popular y sobre la que siempre recaen las culpas, pero también puede ser dormir mucho, salir demasiado de noche o enfrascarse en cotilleos en casa de la vecina. No mire estas actividades de forma abstracta, sino como dedicación concreta. ¿Cuántas horas muertas tiene al día?, ¿qué hace entre las 2 y las 5 de la tarde?, ¿y entre las 7 y las 9 de la mañana?, ¿y entre las 8 y las 12 de la noche? Son 10 horas que se escurren cada día sin que se vean pasar... Imagine cuántas cosas podrían hacerse si fragmenta el tiempo y procura encontrar un espacio en esas horas.

Encontrar un espacio de tiempo

Uno de los grandes secretos de la vida diaria es **hallar un espacio de tiempo**. Algunos encuentran un gran placer cada día al poder leer el periódico mientras desayunan. A juzgar por lo que vemos en el metro, el autobús y los trenes de cercanías, cada vez más mujeres han encontrado en el tiempo del transporte su espacio para la literatura.

Muchas amas de casa empiezan las tareas domésticas a las 8 de la mañana para poder ir a las 11 a cursos de cocina o de escultura, y a la 1 están de nuevo en casa para preparar la comida de su familia. Hay escuelas nocturnas de idiomas, gimnasios que abren de 7 de la mañana a 11 de la noche, cursillos intensivos de fin de semana, cursos por correspondencia y carreras universitarias en Internet. Sólo falta encontrar nuestro espacio de tiempo, y eso *depende sólo de cada uno de nosotros*.

Planificar el tiempo

No hay que obsesionarse, pero un poco de planificación ayuda muchísimo. **Establezca un objetivo** para el año y trabaje para conseguirlo día a día. Puede ser simplemente un viaje pero, no le quepa ninguna duda, puede dar vida y sentido al año y siempre lo recordará con satisfacción. Motívese y piense en el bagaje cultural que puede adquirir si conoce 8 ó 10 países en los próximos 10 años.

Haga lo mismo con el mes, con la quincena, con la semana, incluso con el día. Procure que los objetivos estén de acuerdo con el tiempo que tiene y que no se le amontonen todos. Hoy sería un buen día para llamar a aquel familiar con el que no habla desde hace meses, este domingo puede dedicarlo a ordenar la casa, esta semana puede acabar aquel libro que empezó, este mes puede ahorrar un poco más, este verano puede pintar las habitaciones y este año puede dejar de fumar.

Si adquiere esta rutina en la planificación de objetivos, llenará mucho más su vida.

¿Sabía que...?

Uno de los ejercicios más habituales que se llevan a cabo en la formación de altos ejecutivos consiste en **aprender a diferenciar claramente lo que es importante de lo que se considera urgente**.

Según dicen los expertos, en el mundo laboral absolutamente todo acaba siendo urgente, cuando "la clave del éxito reside en ocuparse de lo que es importante".

Listas, agendas y calendarios

La memoria humana es limitada, así que es preciso establecer rutinas y técnicas prácticas que ayuden a liberar a la memoria del esfuerzo de controlarlo todo. Las listas se van ampliando en diferentes momentos del día o de la semana y muestran lo que se ha hecho y lo que queda por hacer, así que reúnen en un solo vistazo las obligaciones y los deseos cumplidos o por cumplir. Las listas cumplen dos funciones básicas: la principal, recordarnos qué tenemos que hacer o, por ejemplo, qué tenemos que comprar, pero nos permiten también mantener la cabeza libre para utilizarla en otras cosas. Combinadas con agendas y calendarios, las listas constituyen un plan de trabajo. Así se une lo que queremos hacer, que es todavía abstracto, con el momento exacto en que lo haremos, que es cuando tenemos previsto hacerlas realidad.

10 consejos para hacer listas familiares

➤ Coloque las listas **en un lugar visible** para que los objetivos estén siempre presentes. El mejor sitio, por donde pasa toda la familia, es la nevera de la cocina. Sujete la lista con un imán o con un sistema adhesivo. Ocasionalmente puede situarse en el recibidor, aunque las posibles visitas no permiten una buena privacidad.

➤ Es importante que la lista esté **siempre a mano**: así podremos ir tachando los objetivos cumplidos e ir incorporando los nuevos.

➤ Colóquelas en un lugar al que pueda acceder toda la familia, y así **todos participarán de su uso**. A veces alguien acaba la sal y es bueno que lo apunte, ya que la despensa no es un lugar donde miremos con frecuencia. Si no se hace, puede ocurrir que se acabe un salero y al llegar a la despensa en busca del paquete se encuentre la estantería vacía.

➤ Tache igualmente lo que compra **un día determinado**, o en un "acto de buena" fe varios miembros de la familia aparecerán con un paquete de sal. Establezcan un símbolo, la inicial del nombre, por ejemplo, cuando un miembro de la familia asuma la responsabilidad de un punto de la lista.

➤ Tache **con rotuladores transparentes** de colores y podrá ver qué es lo que ya se ha comprado.

➤ Es preferible **un solo listado** que mil papelitos enganchados por toda la casa. La dispersión no es buena amiga de la memoria; la concentración unifica criterios y objetivos.

➤ Tenga siempre **un lápiz o un bolígrafo junto a la lista**, mejor sujeto con una goma o un hilo, para que ante cualquier necesidad pueda escribirse en la lista y no quede en el olvido.

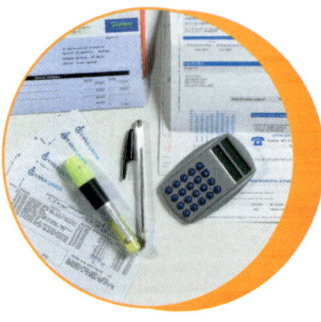

➤ Apunte también los gastos al **llegar a casa** y podrá hacer de la lista un eficaz controlador de la economía doméstica.

➤ Utilice **papel o libretas cuidadas**, ya que la lista está siempre a la vista y debe mostrar una imagen agradable y ordenada.

➤ **Insista en que los niños participen** y verá cómo la vida familiar encuentra un espacio más agradable alrededor de la lista que frente al televisor.

Las listas personales

El mejor sitio para las listas personales es en nuestra agenda, principalmente en el margen de las páginas donde se muestra la semana entera. A medida que pase la semana tendrá todos los objetivos a la vista y podrá ir afrontándolos según vaya cada día. Si alguno de los objetivos tuviera que hacerse un día en concreto, debe situarlo también en esa jornada de la agenda para saber que no puede hacerlo en cualquier momento, sino en ese día.

La gran lista del año

La idea es la misma que con las listas convencionales, pero esta vez con todo el año a la vista. Mentalmente es muy útil para abarcar los grandes momentos del año en un solo vistazo. Es recomendable incluir:

➤ Las vacaciones del colegio de los niños.

➤ Los cumpleaños de la familia.

➤ Los santos de la familia.

➤ Los diferentes aniversarios: de boda, de licenciatura, defunciones, etc.

➤ Día y hora de visita a **médicos**, **vacunas**, etc.

➤ Días de **pagos anuales**, como el seguro del coche o la suscripción a una revista, etc.

➤ Teléfonos de las diferentes **policías** y de los **bomberos**.

El listín telefónico

Haga una lista con los teléfonos de urgencia y téngala en un lugar donde toda la familia sepa que puede encontrarla.

Un buen lugar puede ser un cajón junto al teléfono, en el que también podría haber una linterna, un mechero, unas cerillas y una vela por si se fuera la luz.

La lista puede incluir:

➤ Teléfono de los **servicios médicos de urgencia**.

➤ Teléfono de la casa de campo donde pasamos habitualmente el **fin de semana**.

➤ Teléfonos de los **familiares más cercanos** y **personas de confianza**.

➤ Teléfonos de **información general**.

Sistemas de archivo

Los sistemas de archivo podríamos haberlos tratado en el capítulo de organización del espacio, en el apartado dedicado al orden, en los consejos para no acumular trastos o en la organización del tiempo. Los hemos dejado para el final porque reúnen todos los consejos anteriores, pero sobre todo porque ahorran mucho tiempo. Un tiempo precioso, además, porque cuando los necesitamos suele ser por alguna urgencia, porque se ha estropeado la tele y necesitamos la garantía, o porque llega un aviso de corte de suministro del agua por impago y necesitamos el recibo correspondiente para acreditar que se trata de un error. El tiempo, por tanto, es vital, ya que en estos casos cada minuto es una nueva dosis de nervios.

Cuestión de papeles

De eso trata el sistema de archivo: de **papeles**. *Recibos, documentación, resguardos, albaranes, garantías de compra* y todo un repertorio de papeles de diferentes tamaños y colores que se generan a montones en cualquier casa.

Tenemos necesidad de archivarlos porque estamos convencidos que un día los necesitaremos. Cuando llegue ese día no podemos empezar a pensar dónde estará el maldito recibo y perder una hora revolviendo cajones y altillos.

La oficina en casa

Conciba los papeles de una casa como si se tratara de una oficina. Acuda a una tienda especializada en material de oficina y hágase con carpetas, ficheros y otros complementos necesarios.

Del buzón a su sitio

La única forma de no perder los papeles es guardarlos en cuanto llegan a casa en su lugar correspondiente. No deje sobres abiertos y papeles importantes mezclados con la publicidad del buzón, ya que cualquiera puede pasar y, por ordenar un poco la casa, tirarlo todo a la papelera.

Tenga su carpeta del hogar

Son muy adecuadas las carpetas en forma de fuelle o acordeón. Son más delgadas cuando están vacías y se ensanchan conforme se llenan hasta adquirir una gran capacidad. Bien organizadas sirven para un año completo. Acostúmbrese a tener una para cada año y establezca siempre los mismos criterios y los mismos conceptos clasificatorios. Guárdelas en cajas donde quepan 3 ó 4 y no las tire en 3 ó 4 años por si ocurriese algo y necesitase algún papel de fechas anteriores. Tenga otra para documentos no perecederos, como cartas personales que desea guardar, el contrato de alquiler del piso, su contrato laboral, etc.

Conceptos clasificatorios

Existen innumerables sistemas para la clasificación de papeles, pero hay que saber escoger el apropiado para cada necesidad.

Diferentes niveles de clasificación

Dentro de cada apartado es conveniente incorporar sub-apartados. A veces, un simple clip permite sujetar todas las facturas del agua dentro de la carpeta de recibos de la casa, y evitar así que se mezclen con los de la luz o el gas. No utilice grapas; si necesitase la garantía de un electrodoméstico necesitará sólo una y es mejor que permanezca individualizada. Además, muchas veces los albaranes o las facturas se extienden sobre papel vegetal o papeles muy finos, de manera que las grapas suelen rasgar el papel o romper-mos un trozo al desgraparlas, e incluso pueden soltarse dentro del archivo y traspapelarse.

El orden de clasificación

No sólo agrupe, también ordene. El mejor criterio es el cronológico: el último recibo se pone delante, de manera que al coger los recibos del gas tendrá a la vista el del último mes.

Control de la casa gracias al archivo

Este sistema de archivo no sólo le permite tener ordenado y fácilmente localizable cualquier documento, sino que le permite hacer balances por conceptos. Al final del año puede comparar todas las facturas de teléfono y ver cómo ha evolucionado el gasto. Este sistema facilita también acudir a la carpeta del año anterior y comparar las diferencias.

Incorpore a cada compartimento una **etiqueta** visible para tener los papeles clasificados. Estos pueden ser algunos conceptos:

- **Coche** (seguro, libro de revisiones, etc.).
- **Recibos de la casa** (alquiler, hipoteca, luz, agua, gas, teléfono).
- **Bancos** (libretas de ahorro agotadas, recibos bancarios, resguardos de talones, etc.).
- **Garantías** (electrodomésticos, reparaciones, etc.).
- **Colegios** (papeletas de las notas, revisiones médicas, informes escolares, etc.).
- **Mantenimiento de la casa** (gastos extras como pintura, fontanería, etc.).
- **Gestoría** (comprobantes de gastos, impuestos, IVA, etc.).
- **Casa de vacaciones** (si la tuviese, con los papeles que le lleguen a esta dirección).
- Los conceptos que precise según sus **actividades** (aportaciones benéficas, afiliación política, suscripciones, sociedades, etcétera).

27

El ahorro en casa

El pago de los recibos de los suministros básicos de una casa representa el 13,5% del total de los gastos de un hogar. Una vez que se ha conseguido una casa, los quebraderos de cabeza continúan, no sólo por las cuotas de la hipoteca, sino también por numerosos recibos que puntualmente llamarán a su puerta para recordarle que, habitar bajo un techo con ciertas comodidades, también tiene su precio.

Los suministros de la casa

Los alquileres y las hipotecas dependen del poder adquisitivo de cada familia y, por tanto, son muy variables, pero los suministros básicos del hogar son muy parecidos en todas las casas y dependen más del número de personas que la habitan y del uso razonable que se haga de ellos. Los 4 suministros básicos son la **luz, el agua, el gas y el teléfono**.

Hay programas de ordenador muy sencillos que le ayudarán a controlar sus gastos domésticos.

Ahorro en el recibo y ahorro global

No sólo tenemos que atender al ahorro que supone un recibo de poco importe a final de mes, lo que forma parte de la economía doméstica, sino que es necesario pensar de un modo global y recordar que las fuentes de energía que actualmente se usan están agotando la vida del planeta. Debemos, por tanto, pensar en el ahorro doméstico e ir creando hábitos de consumo sostenibles con el equilibrio ambiental.

Consejos para ahorrar luz

- Aproveche al máximo la **luz natural**, adaptando más su horario personal al horario solar. Incluso se sentirá mejor.

- Cuidado con su **calentador de agua eléctrico**: en numerosas ocasiones se trata de un enorme consumidor de energía sin que usted lo sepa. Muchas veces trabaja a 45°, una temperatura muy superior a la necesaria. Se calcula que por cada grado de temperatura que lo baje ahorrará un 5% de su consumo. Lo recomendable es situarlo a 42° o en la posición "ahorro de energía", si la tiene.

- Use los **aparatos de refrigeración** de su vivienda con mucha moderación: en una casa normal suponen el 25% del consumo total.

- Decántese por los **hornos eléctricos**, suelen cerrar herméticamente y por tanto retienen mejor el calor y consumen menos energía.

- No compre **hornos o calentadores con llama piloto**, ya que consumen pacientemente hasta un 40% más de lo que consume el aparato en todo su periodo de uso.

- La temperatura de la **nevera** debe estar entre 3 y 5 °C. Compruebe que la tiene en este nivel porque una desviación de sólo 5 °C puede provocar incrementos de consumo de hasta un 25%.

- Es muy importante que mantenga la junta de **la puerta de la nevera** en buen estado, ya que garantiza el cierre hermético y la retención del frío.

- Procure llenar bastante **la lavadora** ya que en cada lavado utiliza entre 100 y 200 l de agua. Piense que el agua es una reserva muy escasa.

- Intente no lavar con **agua caliente**: la lavadora consume muchísimo para calentarla.

- Aunque tenga **secadora de ropa**, no la utilice siempre: es uno de los electrodomésticos que más gasta.

Consejos para ahorrar agua

➤ Cierre el grifo mientras se lava los dientes, se afeita o friega los platos. En ese rato se pierde una gran cantidad de agua inútilmente. Se calcula que fregando los platos con el grifo abierto se pueden desperdiciar hasta 100 l de agua.

➤ Evite lavar el coche con una manguera: puede estar gastando cerca de 500 l de agua. Utilice un cubo y una esponja o vaya a un túnel de lavado económico.

➤ Puede reducir el consumo del agua de la ducha hasta la mitad reemplazando el teléfono de la ducha por un atomizador de bajo consumo. Unos mezclan el agua con aire y dan sensación de burbujas, y otros emiten el agua de forma pulsante, con cierta impresión de masaje. No compre reductores de flujo: la ducha no es tan agradable.

➤ Instale grifos temporizadores; muchos establecimientos públicos ya lo están haciendo. Se consigue, por ejemplo, que no se pierda agua mientras se enjabona las manos.

➤ Compruebe que su inodoro no pierde agua. A veces se observa un ligero movimiento en la superficie del agua. Si tiene dudas, vierta un poco de colorante en la cisterna y compruebe si el agua se colorea en el inodoro.

➤ Tire de la cadena tan sólo cuando sea estrictamente necesario. Evite usarla para evacuar un simple trozo de papel higiénico. Es recomendable tener una pequeña papelera en el cuarto de baño para este tipo de cosas: la cisterna vierte alrededor de 50 l en cada uso.

Consejos para ahorrar teléfono

➤ Invierta un día en comparar las tarifas que ofrecen las diferentes compañías.

➤ En muchos casos puede ser un gran ahorro contratar diferentes compañías y efectuar cada llamada con la compañía que mejor condiciones ofrece en ese tipo de llamadas. Tenga en cuenta, en este caso, que le llegarán diferentes facturas y que es entonces cuando verá si la suma de todas ellas ha supuesto realmente un ahorro.

➤ Evite las llamadas en hora punta; son mucho más caras que en horario reducido.

➤ Compruebe bien las tarifas de llamadas de fijo a móvil, ya que muchas veces son elevadísimas. Mire también qué le cuesta una llamada de móvil a móvil, y quizá le interese llamar desde el móvil aunque esté en casa.

➤ Si se descontrola con el uso del teléfono y cada factura es un susto, utilice tarjetas telefónicas de uso limitado o pida a la compañía un tope de consumo mensual.

➤ Acostúmbrese a utilizar el correo electrónico para determinadas comunicaciones. Puede enviar mensajes al otro extremo del mundo, mucho más rápido y a precio de llamada local.

➤ No hable tanto por teléfono y quede con la persona: siempre resulta más agradable mantener una conversación frente a frente.

Consejos para ahorrar gas

> Modere en la medida de lo posible el uso de la calefacción. No olvide que las emisiones de carbono al ambiente constituyen una de las causas principales del efecto invernadero. Procure ir con ropa suficiente por su casa: es absurdo ir descalzo en pleno invierno mientras la calefacción funciona a toda máquina.

> Tenga presente que la calefacción consume el 40% de la energía que usa en casa.

> No olvide realizar revisiones periódicas de su instalación de calefacción, ya que un estado inadecuado supone malgastar entre un 30 y un 50% del consumo total.

> Una caldera de gas debería revisarse inexcusablemente cada 2 años.

> Los reflectores situados detrás de los radiadores optimizan mucho los flujos de calor, ya que la pared absorbe el calor de la parte trasera del radiador.

> Abra un momento las ventanas y renovará el aire sin perder mucha temperatura.

> El mejor ahorro es un buen aislamiento. Si la casa no está bien aislada, el calor que se produzca dentro se perderá inútilmente. La factura del gas será alta y la temperatura insatisfactoria. Un mal aislamiento deja escapar el calor en invierno y el frescor en verano.

¿Sabía que...?

- *Sólo el 3% del agua de la Tierra es dulce... Téngalo presente en sus costumbres diarias. Por ejemplo: aproveche el agua de limpiar las verduras en un barreño para regar las plantas de casa o de la terraza.*
- *Una construcción ecológica basada en el principio de la eficiencia energética llega a ahorrar hasta el 75% de la energía que consume un hogar normal.*
- *Se calcula que si utilizásemos los electrodomésticos de casa de un modo más eficaz, se podría ahorrar entre un 10 y un 30% de la demanda actual de electricidad.*

La seguridad en el hogar

La seguridad en el hogar se puede resumir en dos grandes ámbitos: la prevención de accidentes domésticos, entre los que se encuentran los incendios, los cortocircuitos y las inundaciones, y la prevención contra los robos, muy especialmente cuando nos vamos de vacaciones y dejamos la casa sola.

Prevención de incendios

Una buena prevención disminuye muchísimo la posibilidad de un incendio en el hogar: hay que conocer algunas normas básicas para no provocar incendios en casa. Como suele decirse, "es mejor prevenir que curar".

- Es muy recomendable tener un **extintor** adecuado por si ocurriera un incendio.

- Es necesario tener nociones claras del comportamiento a seguir en caso de incendio.

- Vale la pena tener un seguro contra incendios.

- Tenga el **teléfono de los bomberos** a mano y en un lugar que conozca toda la familia.

Consejos para prevenir incendios

- Coloque guardafuegos delante de las **chimeneas** y sujételos a la pared para que no se caigan.

- No intente **avivar el fuego** abanicando con un periódico u otro material que pueda arder.

- Cuidado con el **bricolaje**: las chispas de las soldaduras suelen ser causa habitual de incendios.

- No mueva una **estufa de gas** de un sitio a otro cuando está encendida: puede prender su ropa.

- No use bajo ningún concepto estufas de gas o radiadores eléctricos para **secar la ropa**: uno va varias veces a comprobar cómo está y sigue húmeda, pero luego, en un breve espacio de tiempo, se seca y arde con facilidad.

- Limpie regularmente los **quemadores de las estufas**: los residuos que quedan acumulados hacen que se propague el fuego.

Recuerde

Sirve de poco que usted siga todas estas normas y no se las transmita a sus hijos. Los niños son muy curiosos y sus manos muy rápidas. De la misma forma que se sienten atraídos por los colores de las diferentes pastillas del botiquín, pueden arrimar sus baberos para ver bien el rojo del fuego o tirar un periódico para ver cómo se quema.
La mayoría de los incendios domésticos se producen de noche, cuando la familia está durmiendo y se muestra más indefensa. Lo peor es que el incendio se detecta cuando ya se encuentra en estado avanzado.

- Guarde lejos de cualquier fuente de calor las **sustancias inflamables** como el alcohol o el aguarrás.

- Tenga cuidado al dejar la **plancha** si suena el teléfono o si los niños se pelean: muchas veces se va a solucionar un problema y se produce otro mayor.

- Cuidado con los **productos de limpieza en seco**: utilícelos en lugares ventilados y lejos de cualquier llama de fuego.

▶ Instale algún detector de incendios si realiza habitualmente alguna **actividad de riesgo**, como limpiar un motor con gasolina en el garaje.

▶ No tenga telas ni cualquier otro material inflamable en la **campana de la cocina** o alrededor de los fogones.

▶ Las **sartenes** son un punto de incendios domésticos frecuente. Cocine con prudencia, tenga una manta antifuego siempre a mano y recuerde que, si puede tapar la sartén, el fuego se apaga por falta de oxígeno.

▶ Cuidado con el **tabaco**: tenga ceniceros para evitar dejar cigarrillos encendidos por cualquier parte. Olvídese de fumar en la cama.

▶ Vacíe los **ceniceros** en lugares que no puedan incendiarse.

▶ Mantenga siempre en buen estado los **cables** de los aparatos eléctricos: a menudo, estos cables se doblan por un punto hasta pelarse o quedan cerca de una fuente de calor. Con un chisporroteo continuado pueden acabar ardiendo y provocar así un incendio.

▶ Los **cables sobrecargados** también provocan muchos incendios: es el clásico empleo de muchas conexiones en el mismo enchufe.

▶ Muchos de estos accidentes se evitan con fusibles adecuados y la instalación de un diferencial que salta en caso de riesgo.

Tipos de extintores

▶ Los **extintores universales**: son útiles porque sirven para cualquier incendio, aunque normalmente contienen polvo seco, que puede corroer los circuitos eléctricos de algunos aparatos.

▶ Los **extintores de gas halón**: son igualmente útiles, ya que no presentan el inconveniente de los anteriores, aunque es preciso utilizarlos con cuidado porque si se permanece mucho en la habitación pueden provocar asfixia.

▶ Los **extintores de espuma**: son los más adecuados para incendios provocados por líquidos inflamables, como el alcohol, aceites, grasas y otros.

▶ Los **extintores de dióxido de carbono** o de **líquido vaporizador**: son los más recomendados para incendios provocados por la electricidad, ya que utilizan sustancias no conductoras. Utilícelos a poca presión, ya que muchas veces su potencia puede esparcir el fuego.

Los incendios

El fuego se produce si se combinan 3 elementos a la vez: un material inflamable, el calor del fuego y oxígeno. Para apagar el fuego se debe eliminar uno de estos elementos: si se incendia una sartén, basta con taparla, puesto que se elimina el oxígeno.

Comportamiento ante un incendio

La norma de oro es: **primero evacuar, luego llamar a los bomberos, luego apagar**. Parece obvio garantizar primero la seguridad de la familia, pero en caso de incendio, la mayoría de personas se concentran en intentar acabar con el fuego, y en numerosas ocasiones quedan atrapadas en su intento. El fuego tiene un comportamiento muy difícil de prever. Recuerde que un material expuesto a calor continuo arde por entero de repente, como si explotara, y se convierte en una trampa a veces mortal.

➤ El **humo** de algunos plásticos u otros materiales puede atacar el organismo muy rápidamente.

➤ El **humo** tiende a ascender hacia el techo, así que *respirará mejor agachado*.

➤ *Empape la ropa que lleva puesta* y tápese la boca y la nariz con un trapo húmedo.

➤ *Divida las tareas*: mientras uno llama, el otro intenta apagar el fuego o saca a los niños.

➤ *No se empeñe en llamar desde casa*: su propio teléfono puede retenerle demasiado tiempo. Llame a los bomberos desde la casa de un vecino, desde el móvil cuando esté a salvo o desde una cabina.

➤ Asegúrese de que tener **una buena salida**.

➤ No **utilice nunca el ascensor**; se puede bloquear y quedar atrapado.

Recuerde

Ante un incendio doméstico, llame a los bomberos inmediatamente. Aún existen personas que creen que no podrán pagar y no los llaman. Es una creencia errónea: el cuerpo de bomberos está al servicio de los ciudadanos; las autoridades locales cubren su coste con la recaudación de impuestos.

Prevención de inundaciones

La cisterna del inodoro puede desbordarse, una tubería puede tener un escape y un invierno riguroso puede congelar y romper alguna cañería, así que una inundación puede presentarse en cualquier hogar.

LA REGLA DE LOS 3 CORTES

Ésta es la regla básica que debe recordar ante una inundación en su casa:

1. **Cortar el suministro eléctrico** con el fin de evitar un cortocircuito.
2. **Cortar el suministro de gas** para evitar una explosión.
3. **Cortar el suministro de agua** para evitar que la inundación se haga mayor.

Evitar los atascos en las tuberías

Estos atascos suponen (en un alto porcentaje) un riesgo de inundaciones, además de producir malos olores. No tire por el desagüe hojas de té, café molido, pelos o grasa.

34

Prevención ante los robos

Existen diferentes sistemas para proteger nuestro hogar de la visita de los ladrones:

Cierres periféricos

Cerraduras y rejas en puertas y ventanas que impidan la entrada de intrusos. Mire su hogar con los ojos de un extraño que quisiera entrar: verá las vías de acceso y los puntos más vulnerables de la casa y podrá reforzarlos. A veces, no nos hemos fijado en que nuestra ventana del baño queda muy accesible subiendo al muro del jardín del vecino, o que desde el garaje es muy fácil entrar en casa.

Alarmas

No las conciba tanto como una herramienta para avisar a los propietarios de la casa o a la policía, sino principalmente para disuadir al ladrón: lo más normal es que al dispararse la alarma, el ladrón se dé a la fuga, ya que en pocos minutos puede aparecer la policía o la compañía de seguridad contratada.

Cajas fuertes

Las hay de todos los tamaños y suelen integrarse en la decoración disimuladamente o bien ocultas, de manera que permiten guardar las pertenencias de más valor de una forma discreta y segura.

Sistemas de identificación

Mirillas en las puertas, cadenas que abren la puerta unos pocos centímetros, visores de televisión en porteros automáticos y otros sistemas sirven para comprobar quién llama a nuestra puerta.

Prudencia

Son muchos los casos en que nosotros dejamos entrar a los ladrones: hay toda clase de trucos y engaños. Muchas personas ancianas han dejado entrar en sus casas a ladrones que han dicho ser inspectores del gas, encuestadores o vendedores de artículos del hogar.

Pequeños accidentes domésticos

Un 40% de los accidentes que ocurren en un hogar los sufren personas menores de 15 años. Vale la pena reseñar algunos detalles para evitarlos.

Consejos para evitar accidentes domésticos

➤ Según un estudio realizado en el Reino Unido, el 65% de los accidentes caseros registrados en ese país suceden por la colisión con **cantos afilados y superficies duras**. Elija y distribuya el mobiliario de manera segura, con especial atención a los suelos encerados y a las alfombras, donde se pueda tropezar o resbalar.

➤ Los **juguetes** de los niños deben ser **sencillos y seguros**: cuidado con los desmontables con piezas muy pequeñas y con materiales que puedan ser tóxicos: la boca de los niños es una puerta abierta a los sustos.

➤ Mantenga siempre el *botiquín fuera del alcance de los niños*: los colores de las pastillas atraen su curiosidad.

➤ Ponga **tela metálica** o de otro tipo para cubrir las barandillas de los balcones: parece increíble, pero los niños se cuelan entre los barrotes.

➤ Si tiene **rejas en las ventanas**, procure que los barrotes sean verticales para que los niños no se encaramen.

➤ La cama superior de una litera debe utilizarse con la *barrera de protección*: los sueños a veces son muy movidos y la caída puede ser terrible.

➤ Cierre siempre los **armarios altos de la cocina**: muchas personas acuden a urgencias con un buen golpe después de agacharse y olvidan que sobre sus cabezas hay una puerta abierta.

➤ Deje que la **plancha** se caiga al suelo: el acto reflejo de coger lo que se nos está cayendo puede crear graves quemaduras en sus manos.

➤ Ponga antideslizantes en el **suelo de la bañera**: tibias y coxis se fracturan a diario por un mal patinazo bajo la ducha. Si tiene personas mayores en casa, instale pasamanos y asideros en la bañera y el inodoro.

➤ Instale también **pasamanos** en las escaleras y puertas de seguridad pequeñas para los niños.

➤ Elija **camas** con las patas algo más interiores que la estructura del somier: evitará posibles golpes al acercarse a la cama, sobre todo si va descalzo.

36

PRIMEROS AUXILIOS CASEROS

El hombre es el único animal "capaz de tropezar dos veces con la misma piedra, tres veces con la misma alfombra y cuatro veces con el mismo canto del mueble del pasillo". Ésta es una pequeña guía de primeros auxilios que da prioridad a los **remedios caseros**:

▶ La HEMORRAGIA NASAL: presione las aletas de la nariz con los dedos pulgar e índice con la cabeza hacia delante. Si no para la hemorragia, empape un algodón con agua oxigenada e introdúzcalo en el orificio que sangra. El remedio natural es empapar el algodón con el jugo de 3 hojas de ortiga.

▶ Para DESINFECTAR HERIDAS se puede tomar un baño de agua con sal. Para acelerar la curación de las heridas utilice pomada de caléndula.

▶ Los GOLPES Y CONTUSIONES se tratan durante 5 minutos bajo agua fría para reducir el flujo sanguíneo. Use también hielo, en una bolsa o un trapo y, a falta de hielo, una bolsa con alimentos congelados, especialmente guisantes, que se adaptan muy bien a los ángulos del cuerpo. Frote el golpe con la savia de las hojas del áloe o con tintura de árnica.

▶ Para las PICADURAS DE AVISPAS O MEDUSAS va bien el vinagre, sólo o rebajado al 50% con agua.

▶ Si se PARTE O CAE UN DIENTE con el golpe, guárdelo por si se pudiera aprovechar, pero no lo lave.

▶ Ante un caso de ATRAGANTAMIENTO, haga que la persona tosa. Si no puede, ayúdele a doblarse hasta que la cabeza quede por debajo de los pulmones. Dé un golpe seco en la espalda, entre los 2 omóplatos y repítalo hasta 4 veces. Mire su boca y si ve algo meta el dedo índice para sacarlo. Pruebe de nuevo con los golpes en la espalda.

▶ En caso de ENVENENAMIENTO, llame a una ambulancia. Si la boca o los labios muestran signos de quemadura, enfríelos con un algodón empapado con leche o agua fría. Si está consciente, intente que vomite, excepto si ha ingerido una sustancia corrosiva.

▶ Para los VÓMITOS persistentes, tienda al paciente en la cama con un recipiente para que pueda vomitar tranquilo e intente que beba pequeñas cantidades de agua fría con sal y 5 ml de glucosa cada 15 minutos. Tras vomitar hay que limpiar la boca: cepille los dientes, lave la cara y haga un poco de té con menta. Vuelva a la comida sólida lentamente, sin leche ni zumos de frutas, pues son indigestos.

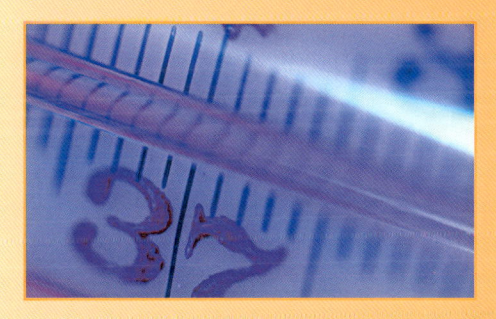

▶ Para las MOLESTIAS EN LOS OJOS se recomienda lavarlos con un algodón empapado en una infusión de hinojo.

▶ Existe un MASAJE PARA LA FIEBRE: ponga el pulgar en el centro de la mano y desplácelo unos cm hacia arriba, ejerciendo un poco de presión, primero hacia el punto de unión entre el anular y el corazón y luego hacia el punto de unión entre índice y corazón, siempre partiendo del punto central de la mano y unas 15 veces. La fiebre también disminuye bebiendo mucho líquido.

La casa ecológica

En diferentes puntos del libro aparecen trucos ecológicos o remedios naturales, pero por lo general hacen referencia a pequeños detalles, y es necesaria una organización global de la casa ecológica.

Organizar la casa ecológica

Organizar la casa de manera respetuosa con el medio ambiente constituye una de nuestras grandes responsabilidades, y posiblemente sea una de las cosas más fáciles de hacer.

Muy a menudo basta con cambiar hábitos arraigados de los cuales desconocemos sus consecuencias ecológicas, y en otros casos se trata sólo de poner un poco de cuidado en nuestras despreocupadas costumbres.

En realidad, ni los ecologistas más radicales piden grandes cambios en la calidad de vida de los hogares medios, lo que complicaría el tema: tan sólo un poco de sensibilidad para corregir pequeños detalles.

El aislamiento de la casa

Ya se ha apuntado que la concepción de una casa con criterios de eficiencia energética podría llegar a ahorrar hasta el 75% del consumo normal. El problema es que tradicionalmente la construcción no ha atendido a estas condiciones de aislamiento. En una casa normal, se pierde la mitad del calor que generamos con la calefacción, y en verano con la refrigeración.

➤ Si los edificios están bien aislados desde su construcción, el ahorro puede ser impresionante.

➤ Si son de construcción antigua, o nueva sin atender a estos criterios, se pueden tomar algunas medidas compensatorias.

Consejos para mejorar el aislamiento

SI LA CASA ESTÁ EN CONSTRUCCIÓN:

➤ Exija al constructor buenas condiciones de aislamiento, y si es necesario, establezca inspecciones para el cumplimiento de los requisitos básicos.

➤ Rechace aislantes con amianto, también llamado asbesto, y con lana de fibra de vidrio, ya que ambos pueden ser perjudiciales para la salud.

➤ Evite igualmente las espumas de poliuretano, formolfenólicas y PVC.

➤ El poliestireno expandido acumula electricidad estática, descargando la atmósfera de iones, así que tampoco es recomendable.

SI YA SE HA CONSTRUIDO LA CASA SIN AISLANTES ADECUADOS:

➤ Una de las soluciones más conocidas consiste en poner cinta o una banda bajo las puertas para evitar corrientes de aire.

➤ Reduzca la pérdida de calor por el suelo con moquetas y alfombras.

38

- Otra idea consiste en colocar contraventanas y cortinas gruesas: son más eficaces que los cristales.

- Se pueden aislar suelos, paredes y techos instalando cámaras de aire, falsos techos, entarimados, corcho, etc.

Casa y planeta limpios

La limpieza de la casa puede ser una de las acciones que más ensucie el planeta, sobre todo si utilizamos productos agresivos con el medio ambiente:

- Infórmese sobre los productos de limpieza y su poder agresor.

- Acostúmbrese a utilizar productos que no sean nocivos y pequeños trucos naturales.

- En general, se debe limitar el uso de detergentes. El agua caliente tiene un buen poder limpiador.

- Una solución débil de vinagre es buena para cristales y cerámicas.

- El amoníaco es un buen desengrasante.

- Use poca lejía en el inodoro.

- El horno se puede limpiar con una solución de bicarbonato sódico en vez de limpiadores cáusticos. Si algo se derrama, eche sal mientras aún está caliente.

- Evite los ambientadores químicos y disfrute de las esencias naturales. Coloque plantas aromáticas en su baño.

Los residuos por el inodoro

Anualmente se tiran por el inodoro toneladas de productos como preservativos, compresas, algodones, etc. Muchos de ellos no son biodegradables. Tenga una papelera junto al inodoro y utilícela para estos productos. Cambie la bolsa diariamente.

Mobiliario y armarios

- Algunos abrigos precisan varias pieles de animales para ser confeccionados. No haga de su armario un cementerio animal.

- Elija maderas blandas para sus muebles, como el pino, que crece rápidamente.

- Si quiere maderas duras, utilice preferentemente hayas, olmos y robles; descarte las maderas tropicales (caoba o teca) y asegúrese de que no proceden de zonas que están siendo arrasadas.

Bricolaje ecológico

- Recicle y restaure: es un arte y una forma de consumo muy razonable y respetuosa.

- Use medios mecánicos y descarte los químicos: lije a mano, con un buen soporte técnico y buena protección, y deje de lado productos corrosivos altamente contaminantes.

El ruido como contaminación

- Organice un hogar sin contaminación sonora: constituye sin duda uno de los grandes motivos de estrés y de dolores de cabeza.

- Instale doble cristal o cualquier otro aislante para no recibir los ruidos de la calle. Las planchas de corcho en el suelo y las paredes resultan muy efectivas, económicas y fáciles de colocar.

- Haga lo contrario si el sonido exterior es agradable: abra la ventana ante el rumor del mar o de un río, o ante el susurro de las hojas que el viento hace temblar.

- Acostúmbrese a tener el televisor con volumen suficiente, pero moderado.

- Modere también el volumen de su equipo de música.

- No tienda a organizar la cocina alrededor de todos los robots existentes en el mercado, y la limpieza alrededor de aspiradores y máquinas de vapor.

- Intente moderar de manera notable el volumen general de la casa a partir de las 10 de la noche.

- Utilice un despertador de volumen ascendente: evitará sobresaltos y ruidos desagradables al despertar.

- Si prepara una fiesta, avise a sus vecinos.

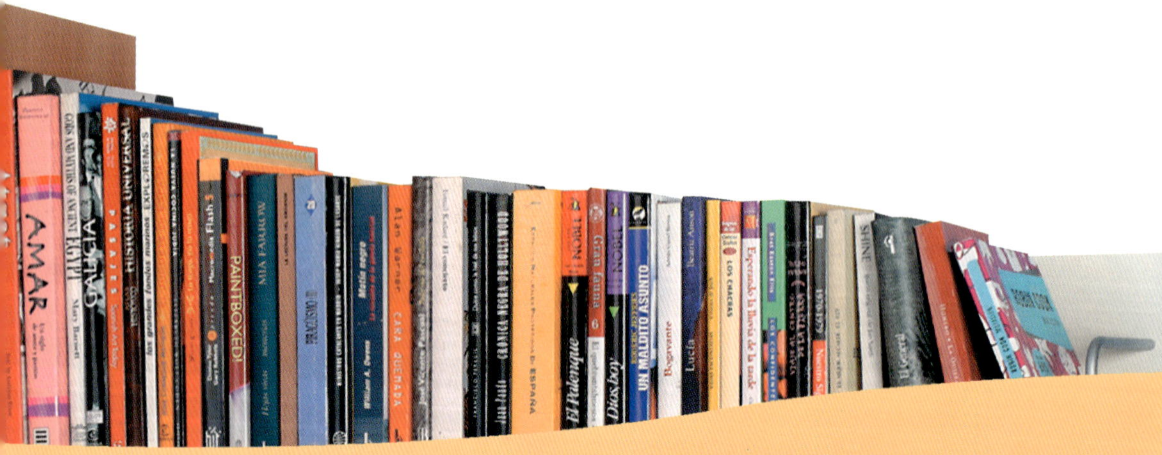

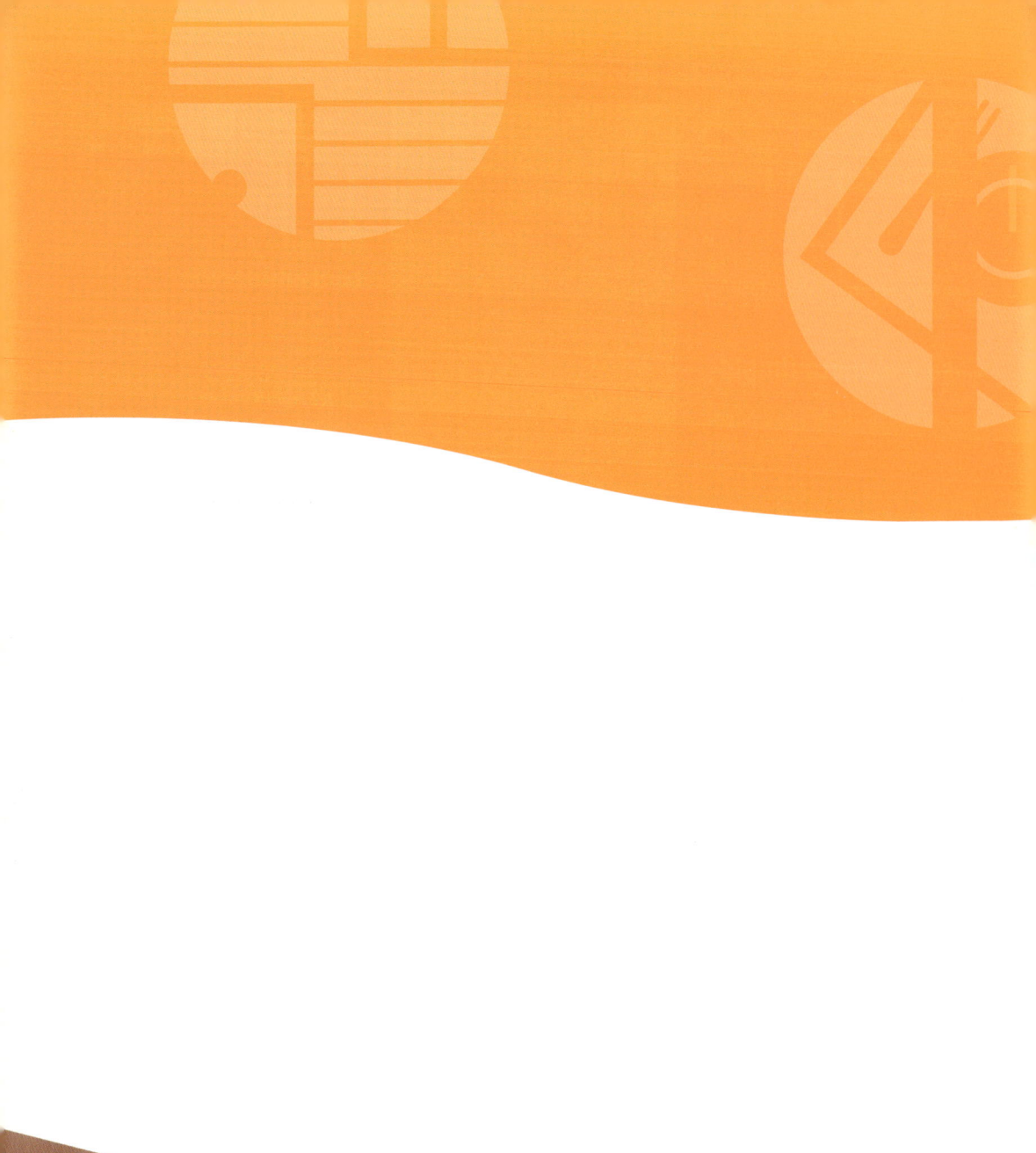

Habitación por habitación

Las diferentes estancias de la casa

Hasta ahora se ha considerado la organización de la casa en su conjunto. La organización del espacio atendía a la globalidad de su hogar, y los ejemplos podían ser para el baño, la cocina o el garaje indistintamente. En esta segunda parte, sin embargo, se hace necesario profundizar en la organización de cada una de estas estancias, ya que cada una corresponde a una actividad y a unos niveles de organización propios. A menudo, el baño, por ejemplo, viene totalmente construido de obra, así que la organización de su uso y distribución es mucho más limitada. Otras estancias, por el contrario, muestran un amplio abanico de posibilidades en su organización.

Organización general de las estancias

➤ La **COCINA** es muchas veces el motor y el corazón de un hogar, y su actividad es tan amplia y variada que merece encabezar la lista de estancias con todos los honores.

➤ La **BIBLIOTECA** no ocupa necesariamente una habitación completa, pero casi siempre llena un rincón o una simple estantería que tiene su personalidad a pesar de ocupar poco espacio.

➤ La **TERRAZA**, finalmente, es uno de los espacios que más juego puede dar en una casa. Es un lugar mágico que en un solo paso puede transportarnos a un mundo totalmente diferente, exuberante con plantas o criadero de pájaros, un rincón casi playero en ocasiones, un restaurante romántico en las noches de verano o un lugar idóneo para alguna barbacoa y más de una fiesta.

A estas 4 estancias dedicaremos los capítulos siguientes, aunque vale la pena dedicar una página a esbozar algunos consejos para las otras zonas de la casa.

➤ El **DESPACHO** es cada vez más habitual en cualquier casa, ya sea concebido como escritorio para el estudio de niños o jóvenes, o como despacho de trabajo, cada vez más frecuente entre profesionales libres.

ORGANIZACIÓN GENERAL DE LAS ESTANCIAS

El **VESTÍBULO** o **RECIBIDOR** es una zona de paso de la casa, y por lo general no se le considera una estancia. Sin embargo, debe planificarse como el resto de las estancias, sobre todo porque es la primera zona que ven las visitas y porque nos da la primera y la última impresión al entrar y salir de casa:

➤ Los vestíbulos deben precederse de un felpudo para no castigarlos demasiado con los zapatos al llegar a casa.

➤ Deben tener un suelo resistente, pues siempre reciben suelas húmedas y un tránsito notable.

➤ Cuide la iluminación y disponga de un buen espejo para darse un último vistazo antes de salir.

➤ Habilite un lugar cómodo y de fácil acceso para dejar los abrigos, chaquetas, bastones, sombreros, paraguas y otros accesorios importantes.

➤ Tienda a los colores suaves y cálidos, y la llegada a casa será también cálida y confortable.

➤ Aproveche el espacio con muebles bien elegidos o armarios empotrados que permitan guardar periódicos, ropa de invierno, accesorios de deporte, etc.

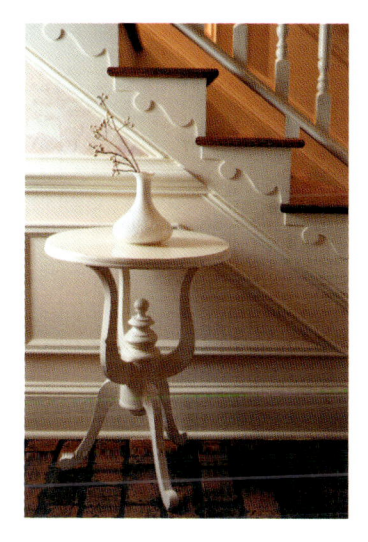

Las **ESCALERAS** tampoco suelen considerarse estancias, pero pueden ser perfectamente organizadas y aprovecharse al máximo:

➤ Utilice el espacio bajo la escalera para montar un escritorio.

➤ Si quiere guardar trastos en ese espacio no lo haga a la vista, ya que crea sensación de desorden: adapte un armario a medida con varias puertas y llénelo.

➤ Haga de la pared de subida una exposición de cuadros.

➤ Si la escalera es ancha, ponga objetos o plantas en los extremos de cada escalón.

➤ Decore la parte vertical de los escalones con cuadros, mosaicos o cualquier otro objeto que se vea conforme se sube.

➤ Mantenga siempre la zona despejada para el tránsito fluido.

Rompa la monotonía con alfombras que recorren el **PASILLO** y con cuadros en las paredes.

➤ Si el pasillo es muy largo, se puede dar la impresión de dos tramos diferentes con dos alfombras o con iluminación puntual sobre un cuadro o un mueble.

➤ Si hay muchas puertas, elimine alguna, la que separa el pasillo del recibidor preferentemente.

➤ Baje un poco el techo del pasillo y tendrá un excelente altillo para guardar trastos.

➤ Favorezca, sobre todo, el tránsito fácil y sin obstáculos.

La cocina del siglo XXI

Según algunos sociólogos, una de las mayores transformaciones en el ámbito doméstico se ha producido en el terreno de la alimentación. Han cambiado las formas y los significados. Ha variado aquello que comemos, y hoy la alimentación ya no es sólo cuestión de supervivencia. El ocio y el placer de los sentidos acompañan nuestras comidas, y la variedad de alimentos que hoy se encuentra en cualquier cocina hubiera sido totalmente inconcebible 30 años atrás. El gran reto de la nueva cocina del siglo XXI es adaptarse a estas nuevas formas de vida, y sería bueno que tanto los constructores como nosotros mismos fuéramos organizando el espacio de la cocina de acuerdo con estas tendencias.

LOS NUEVOS MODELOS DE HOGAR

1 CADA VEZ MAYORES

La población española vive un constante proceso de envejecimiento. En el año 1990 había algo más de 5 millones de personas mayores de 65 años. En los albores del nuevo milenio ya se calculan más de 6,5 millones, y para el 2020 se prevé que la cifra alcanzará casi los 8 millones de personas mayores de 65 años. En 30 años, los mayores van a pasar de ser el 14% de la población a ser el 20%. Todos habíamos oído algo así cuando se debate sobre el tema de las pensiones, pero no hay duda de que este envejecimiento de la población exige adaptaciones también en la cocina de casa.

2 LA FRAGMENTACIÓN DE LA FAMILIA

La tradicional escena del matrimonio con los 3 hijos y los abuelos ya no es propia de nuestro tiempo. Las residencias para la tercera edad, la asistencia a domicilio u otras circunstancias similares son las que viven muchos abuelos en solitario. Las parejas tienen menos hijos, hasta el punto de que nuestro país tiene una de las tasas de natalidad más bajas del mundo. De hecho, las personas que viven solas eran el 9% en 1981 y en tan sólo 10 años pasaron a ser el 13% de la población, no sólo personas solteras, sino muchas de ellas separadas. La cocina unipersonal, por tanto, es un reto de futuro incuestionable, con necesidades alimentarias y estilos muy diferentes.

3 LA INCORPORACIÓN DE LA MUJER AL TRABAJO

La progresiva y acelerada incorporación de la mujer al mundo del trabajo afecta directamente a la organización de la cocina de una casa:

▶ Varían los estilos de comida.

▶ Es necesaria una redistribución de los roles entre los integrantes de la familia.

▶ Afecta directamente a la natalidad (en 1975, la media de edad para tener el primer hijo era de 28 años, en 1995 de 30 años; igualmente, en 1975 la media de hijos era de 2,7 y en 1995 de 1,1 hijos).

4 LA ALIMENTACIÓN

Estos nuevos modelos de hogar en crecimiento tienen sus propios estilos de vida, y por tanto unas necesidades alimentarias distintas y un presupuesto propio. Se da el hecho de que los hombres o mujeres que viven solos, las parejas de jóvenes con 2 sueldos y los ancianos solitarios gastan en comida algo así como la mitad que las otras unidades familiares: los dos primeros grupos por las continuas comidas fuera de casa, y los últimos por su bajo nivel adquisitivo.

5 NUEVOS MODELOS DE HOGAR

Se calcula que en el año 2005 habrá más hogares con personas que vivan solas, con parejas jóvenes con 2 sueldos, con una pareja de adultos y con ancianos solitarios.

Las nuevas tendencias de la cocina moderna

Las nuevas tendencias sociodemográficas que se han visto no son una descripción de lo que les pasa a los demás: en gran parte son un retrato de lo que pasa en nuestro propio hogar. Tanto el concepto general de cocina (como el caso concreto de nuestra cocina) deberían atender a estas tendencias y adaptarse de la manera más adecuada. Estas son las 3 nuevas líneas en las que debería evolucionar la organización del espacio de la cocina:

1. **La flexibilización en los usos de los espacios,** todavía muy rígidos.

2. **Una mejor integración del equipamiento tecnológico.**

3. **Nuevas zonas de almacenamiento adecuadas a los nuevos estilos de compra.**

Las grandes adaptaciones

La cocina se ha convertido en la estancia con el equipamiento tecnológico más sofisticado de la casa. Los espacios se han ido redefiniendo para que los refrigeradores de hielo dejaran paso a las neveras eléctricas, de la misma forma que las cocinas de carbón o leña han dejado espacio a los primeros fogones de butano o de gas natural, para la vitrocerámica, los congeladores, los microondas, etc.

La rigidez de la cocina

Estos espacios han sido huecos que ha dejado el constructor, pero las estructuras siguen siendo más rígidas de lo que parecen. Pruebe a colocar un microondas si el constructor no ha habilitado un hueco para ponerlo. Acaba invadiendo media encimera o colgando de la pared de forma incómoda y artificial. Lo mismo ocurre con los pequeños electrodomésticos y robots de cocina más habituales, que acaban acumulándose por los armarios.

La cocina tecnológica

Cada vez más personas comen en la cocina. La conclusión es clara: más allá de carritos para la tele, brazos voladores perforando las baldosas y otros inventos, las cocinas van a ir incorporando nuevos equipamientos audiovisuales perfectamente integrados en el equipamiento de ese espacio. No sólo la televisión, como primer candidato, sino especialmente el ordenador, que hará las funciones de televisor, cadena de música, teléfono y, sobre todo, de terminal de compra desde donde realizar los pedidos al supermercado para que nos sirvan la compra a domicilio.

La cocina-comedor

Es práctica habitual para no desplazarse hasta el comedor, para no ensuciar otra estancia y para tenerlo todo más a mano. La cocina deja de ser un espacio sólo para la elaboración de la comida y pasa a ser un lugar de estancia. Debe, por tanto, mejorar en comodidad e ir incorporando elementos complementarios, como radios, cadenas musicales, televisores, revisteros, etc.

45

La nueva alimentación

Todo esto también afecta a la alimentación propiamente dicha. Se incorporan nuevas técnicas de cocción rápida, mediante aparatos microondas, pero también mediante alimentos precocinados o congelados o listos para comer.

Se tiende a reducir enormemente el tiempo de preparación de la comida, y paralelamente, incorporarla en forma de gastronomía al tiempo de ocio.

El nuevo almacenamiento

La compra semanal es cada vez más frecuente y los precios son mucho mejores comprando grandes cantidades. Estos nuevos hábitos de compra implican más espacio de almacenamiento: diversos productos congelados que requieren congeladores amplios, diferentes conservas y gran número de envases que precisan armarios y una despensa amplia, etc.

El envasado de los alimentos es una técnica fundamental para conservar la calidad de éstos, reducir al mínimo su deterioro y limitar el uso de aditivos; además, cumple diversas funciones:

➤ contener los alimentos

➤ protegerlos del deterioro químico y físico

➤ proporcionar un medio práctico para informar a los consumidores sobre los productos.

Como en otros aspectos de la tecnología alimentaria, en el área de los envases también se han producido novedosos avances que garantizan una provisión de alimentos más seguros y nutritivos.

- **El envasado al vacío** consiste en introducir el producto en una bolsa de plástico o papel de aluminio y extraer la mayor parte del aire; así, el envase mantiene la atmósfera interna y el alimento se conserva fresco y seguro.

- **El envasado en atmósfera modificada (EAM)** se basa en cambiar la composición de los gases que están en contacto con el alimento, sustituyendo el aire por un gas en particular o una mezcla de gases. Luego, los productos se almacenan a baja temperatura (por debajo de 3 °C). El objetivo es excluir o reducir el contenido de oxígeno, mantener el nivel de humedad del alimento y evitar el crecimiento de microbios.

Así mismo, como respuesta al ritmo acelerado de la vida moderna, existen en el mercado una gran variedad de alimentos listos para cocinar ¡sin necesidad de sacarlos del envase!

"**Sous-vide**" es una técnica mediante la cual el alimento se envasa al vacío y, posteriormente, se calienta para prolongar su duración sin que se pierdan los nutrientes, ni el sabor o la textura del producto. Antes de consumirlo, se vuelve a calentar el alimento en su envase, ultimando así su cocción.

¿Sabía que...?

La mayor revolución en el ámbito de los alimentos en el siglo XX han sido los congelados. El invento se debe a un naturalista que, por su trabajo para la administración de los EE UU, fue enviado al Ártico. Allí observó que los peces que pescaba se congelaban en el acto por la temperatura exterior, pero al descongelarse mantenían su frescura. Birdseye montó su primera empresa y en 1924 creó la General Seafood Corporation, que en 1930 ya tenía una importante red de distribución al por menor. A partir de 1934 empezó a fabricar equipos congeladores que alquilaba a bajo precio a los dueños de las tiendas. En 1944 ya contaba con vagones ferroviarios para su distribución: un nuevo ejemplo de cómo la ciencia avanza casualmente, y de cómo el sueño americano es también real.

3 LÍNEAS, 3 TRUCOS

1

Una **pequeña barra plegable atornillada a la pared**, con un par de taburetes plegables (que pueden guardarse detrás de la puerta) pueden hacer que el fin de semana la cocina adquiera otro aspecto. Es el momento de abrir una botella de vino y servir unos tacos de queso mientras se cocina. Incluso un par de amigos pueden estar en la cocina y hacer del rato en los fogones **una primera tertulia**. La experiencia demuestra que cada uno acaba teniendo la receta perfecta para el plato que estamos preparando, así que la conversación está asegurada.

2

La mejor inversión es **una nevera amplia y buena**. Adquiera una adecuada a sus necesidades y en las que pueda tener en los próximos 10 años. Si precisa un gran congelador no pierda espacio de nevera: compre un congelador independiente, de gran capacidad y que puede ir en el lavadero exterior.

3

Habilite un **armario para un televisor** e instale una puerta corredera a juego con el resto de muebles de la cocina. Evitará que el aparato se engrase manteniendo la tele a cubierto la mayoría del tiempo, y cuando abra el armario para verla no tendrá la desagradable sensación de ver las dos puertas abiertas.

Las 4 zonas principales de la cocina

Para establecer un poco de orden en cualquier lugar es importante delimitar sus usos concretos y sus correspondientes espacios. Piense qué es lo que hace principalmente en la cocina y adapte el espacio del que dispone proporcionalmente a cada uso. Si no come en la cocina y desayuna fuera de casa, no pierda espacio con una mesa y 4 sillas; quizá en ese espacio pueda poner un congelador, un mueble despensa o hasta una bodega.

Los 4 usos de una cocina y sus espacios correspondientes

1 Preparación de los alimentos

Normalmente sobre la encimera o sobre una mesa auxiliar.

2 Cocción de los alimentos

En los fogones, el horno, el microondas, etc.

3 Almacenamiento de los alimentos

En la nevera, congeladores, despensa, armarios, etc.

4 Comedor

Normalmente una mesita en la misma cocina, aunque a veces tan sólo una barra, o por el contrario, un pequeño comedor anexo.

Establezca prioridades

Ordene estos 4 usos de la cocina según sus preferencias. Si nunca utiliza el horno para cocinar, déjese de formalismos y convierta ese espacio inútil en un armario más al que seguro "sacará provecho" (en este caso, intente que quede aislado del calor de los fogones). Por el contrario, no dude en sacrificar un armario y empotrar en su interior el microondas, así quedará más despejada la encimera y trabajará mejor la preparación de los alimentos.

Clasifique las cosas en 3 niveles

Todos los objetos que tenemos en la cocina pueden clasificarse en 3 niveles:

Qué utilizo **1 cada día**

Qué utilizo sólo **2 de vez en cuando**

Qué no utilizo **3 casi nunca**

Organice sus cosas de acuerdo con esta clasificación y optimizará tiempo y espacio. Lo más probable es que únicamente utilice la cafetera cuando vienen invitados, y resulta que hace 2 meses que no viene nadie y todavía tiene la cafetera ocupando parte de la encimera. Lo mismo ocurre con la cubitera, con la sandwichera o con la licuadora. Incluso con lo que tenemos en el armario: aquel juego de copas que nos regalaron, aquella tetera que jamás hemos utilizado y un largo etcétera que ocupa un espacio desproporcionado en relación a su uso real.

Desplace cosas fuera de la cocina

Mire en los cajones de su cocina: la mantelería de Navidad, la vajilla para ocasiones especiales, algún cajón con medicinas y hasta las velas que guarda para el próximo cumpleaños. Desplace todos los elementos que utilice muy ocasionalmente a otro lugar de la casa. Procure que la cocina sea el lugar más despejado y actualizado de la vivienda.

El "triángulo sagrado"

Los profesionales se refieren siempre al "triángulo", una línea invisible trazada entre las tres zonas de actividad de la cocina: la fuente de agua, la zona de cocción y la despensa. Estas 3 zonas deben ser independientes y al mismo tiempo estar conectadas de forma rápida e inmediata. No es adecuado, por ejemplo, tener que bordear la mesa para acceder a la despensa. El triángulo implica intercomunicación rápida entre estos elementos. Por ello, no siempre las cocinas grandes son las mejores. Los grandes cocineros las prefieren reducidas y bien trenzadas en su accesibilidad. Si su cocina es grande y quiere habilitar una zona de estar, incluso donde poder recibir amigos, debe establecerla apartada de la zona de cocción.

Utilice ruedas

Las nuevas tendencias del diseño de muebles no introducen las ruedas por moda, sino porque son muy prácticas para conseguir espacios móviles y, por tanto, multifuncionales. Por ejemplo, tenga un carrito de varias bandejas en la cocina y utilícelo para todo. Sirve como mesita auxiliar a la hora de comer (para el agua y las botellas, el pan, las aceiteras, etc.), así que no necesitará una mesa fija tan grande y al acabar el carrito vuelve a su rincón.

Piense en plegables

No tenga siempre 4 sillas en la mesa de la cocina: ocupan demasiado espacio. Es mejor tener 2 sillas abiertas y otras 2 plegadas detrás de la puerta. Igual con la mesa: las redondas son ideales porque no tienen cantos donde darse golpes, pero ocupan mucho espacio. Compre una mesa redonda plegable, que quede semicircular: se ajustan bien a la pared, muestran su cara redondeada y pueden abrirse si son más de 2 personas.

Las encimeras

Manténgalas limpias y despejadas, y así siempre tendrá sensación de espacio disponible. No las cargue de fruteros, tarros, tostadoras y demás enredos. Tenga todas estas cosas en los armarios o colgadas en la pared.

Las 5 distribuciones

➤ La **COCINA LINEAL** es la mejor en espacios limitados, con todos los electrodomésticos y armarios alineados contra una pared.

➤ La **COCINA-PASILLO** utiliza la alineación a lo largo de dos paredes opuestas, en paralelo, creando un pasillo interior. Con giros de 180° se dispone de mucho espacio, aunque crea sensación de paso continuo. El fregadero y la cocina deben estar en el mismo lado para evitar goteos y traslados (y que el pasillo acabe siendo un "resbaladero").

➤ La **COCINA EN "L"**, una de las más habituales, aprovecha 2 paredes contiguas en ángulo. Resulta útil también para espacios reducidos, aunque es vital que aproveche al máximo la esquina y no pierda la utilidad del rincón.

➤ La **COCINA EN "U"** permite una gran movilidad en la cocina, casi sin desplazarse, al aprovechar 3 paredes contiguas. Bien distribuida es muy cómoda, aunque el cúmulo de espacios no debe entorpecer los movimientos.

➤ La **COCINA CON ISLA** es la que permite el establecimiento de una zona central que puede ser rodeada por toda la cocina. Es preciso tener una pieza amplia, pero resulta ideal si hay varias personas en casa, ya que permite una movilidad en varias direcciones. En el centro pueden habilitarse los fogones y la campana del extractor, aunque también puede ocuparse el centro con la mesa auxiliar de cocina que hará las funciones de la encimera.

El almacenamiento en la cocina

El almacenamiento, tanto de alimentos como de utensilios y complementos de la cocina, debe ser planificado alrededor de cada zona: la de cocción, del fregadero y de la despensa.

A cada zona sus complementos

- Tenga el cubo de basura junto a la zona de preparación de alimentos, donde desecha continuamente envases, pieles, etc.
- Tenga los utensilios de cocina, sartenes, ollas, etc., junto a los fogones.
- Tenga la vajilla, la mantelería, las aceiteras, etc., junto a la mesa para comer.
- Tenga todos los productos de limpieza cerca del fregadero y el lavadero.

¿A la vista o en armarios?

Una de las primeras decisiones a tomar es si quiere tener las cosas guardadas o a la vista. En este último caso debe optar por colgadores, estanterías, repisas, expositores y armarios con puertas acristaladas.

Con buen gusto enriquecerá el aspecto de su cocina y la hará mucho más personal, aunque no debe olvidar que el trajín diario hará que todo lo que ha decidido tener a la vista se engrase y que el más mínimo desorden destaque.

¿Diseño aséptico o estilo rústico?

Hay quien prefiere el diseño aséptico y la cocina tipo laboratorio, lo que favorece el uso del acero inoxidable y otros materiales modernos, el diseño de interiores, la sencillez de líneas, la simplicidad y una sensación de orden a medio camino entre la obra maestra de arquitectura y una fría sensación de cocina impersonal. Hay también quienes hacen de lo rústico una bandera y organizan en medio de la ciudad una cocina como la de la abuela del pueblo. La elección es suya, y probablemente el punto medio sea lo más interesante. Deje a la vista algunos productos con encanto, como alguna aceitera con hierbas aromáticas, las especias, un frutero, ristras de ajos, tarros con pastas de colores, e incluso algunas plantas.

Estantes móviles

Los fabricantes muchas veces entregan armarios con todos los estantes a una distancia estándar y luego ocurre que las botellas más altas no entran.

Recuerde adquirir muebles con estantes móviles, que puedan disponerse a alturas diferentes y ajustarse a sus necesidades.

Basura selectiva

La selección de basura puede parecer pesada si no se dispone de un espacio compartimentado para su fácil y rápida separación. Adquiera un cubo con divisiones que se ajuste bien al espacio del que dispone, y compleméntelo con alguna caja de cartón para que cada desecho tenga su lugar. Separe los que tengan compuestos orgánicos del vidrio, los plásticos, latas y papel para reciclar. Llame a su Ayuntamiento para informarse sobre la situación de los contenedores si es necesario.

Una escalerilla en la cocina

Pequeña y plegable, una escalera en la cocina es ideal para acceder a los altillos, sobre todo cuando éstos tienen gran profundidad (a veces, sobresalen más que el armario) y ni siquiera consigue ver si lo que busca se encuentra arriba. Procure no subir a taburetes, pues tienen poca amplitud y son poco estables, especialmente los de mayor altura.

Tarros herméticos

Acostúmbrese a utilizarlos para guardar comestibles e impedir la formación de bacterias.

El congelado de alimentos

Hoy en día comprar alimentos congelados o comprarlos frescos y congelarlos en casa es ya una práctica habitual en la mayoría de los hogares:

- **Compre un congelador grande**, el mayor que pueda tener en su cocina, o plantéese tener un congelador complementario en el garaje o en la terraza, donde podrá poner bolsas de cubitos de hielo, helados para todo el verano y alimentos para una buena temporada.

- **Los congeladores verticales con cajones** son los mejores cuando hay poco espacio y cuando van incorporados a la nevera. Especialice cada cajón en un tipo de alimentos y le será más fácil ir directamente a lo que quiere. Ponga etiquetas a los cajones si es necesario.

- **Utilice etiquetas** para identificar los diferentes paquetes. Escriba también la fecha en cada paquete: los congelados también tienen fecha de caducidad, así que procure tenerlos ordenados y que ningún paquete quede mucho tiempo en el fondo del congelador.

- **Congele a su medida**, no lo haga siempre en grandes cantidades, y piense en cuántos son en casa al disponer los paquetes. Una pareja puede separar hasta 4 paquetes para 4 días diferentes con un pollo entero: un primer paquete con 2 muslos y 2 contramuslos para hacer a la plancha, 2 paquetes más con las pechugas en filetes para rebozar, y un cuarto paquete con las alas, las patas y las carcasas para hacer un caldo.

LA BODEGA

La cocina no es el lugar más adecuado para tener una pequeña bodega, pero más vale ser realistas y aceptar que en la mayoría de los hogares es uno de los lugares donde suele situarse, así que unos cuantos consejos no serán muy del gusto de los expertos, pero al menos intentarán mejorar una realidad cotidiana.

BOTELLEROS POR MÓDULOS: al principio le permiten ocupar poco espacio, y conforme aumenta su bodega es posible ir comprando más módulos e ir ampliándola. Existen modelos rectangulares que pueden ponerse horizontal o verticalmente, de manera que dan mucho juego en la cocina.

LA SITUACIÓN: el lugar adecuado es un sótano, un lugar fresco y oscuro, sin olores extraños ni mucho ruido y adecuadamente ventilado. Si es un gran aficionado, ya irá buscando un lugar para el coleccionismo y las grandes reservas, pero por si simplemente quiere tener unas cuantas botellas para ir disfrutándolas, bastará con que coloque el botellero lo más alejado posible de cualquier fuente de calor y al resguardo de cualquier luz directa.

LAS BOTELLAS TUMBADAS: recuerde que el vino debe conservarse en posición horizontal, de manera que el corcho permanezca continuamente húmedo.

LA EVOLUCIÓN DEL VINO: la temperatura ideal debería mantenerse estable entre los 12 y los 15 °C. Si tiene su pequeña bodega en la cocina, la temperatura se verá aumentada por la calefacción de la casa y por el calor natural de la cocina, así que la evolución del vino será más rápida. Tenga un botellero en continua rotación, sin dejar mucho tiempo los vinos descansando. Recuerde que, en general, los vinos blancos, los rosados y los cavas es preferible conservarlos un máximo de 1 ó 2 años.

UN LIBRITO DE BODEGA: si no va a consumir los vinos inmediatamente, tenga un librito de bodega en el que apunte las fechas de compra y el tiempo óptimo de consumo que le han recomendado: "más vale lápiz corto que memoria larga".

La limpieza en la cocina

La limpieza de la cocina es el primer y principal factor de su organización. La cocina debe mantenerse limpia por motivos higiénicos y sanitarios, pero también por una cuestión de orden y principalmente para facilitarnos el trabajo. No hay nada más desagradable que empezar a trabajar en una cocina sucia y desordenada. Aunque sea para ensuciarla inmediatamente, la cocina debe tener una higiene mínima.

Limpieza del fregadero

➤ **Si el fregadero es de porcelana** bastará con llenarlo con un poco de agua caliente y unas gotas de lejía, y luego dejar que se vacíe lentamente. Para blanquear hay que colocar una capa de papel absorbente, empapar con lejía, dejar actuar durante 5 minutos y aclarar con abundante agua.

➤ **Si es de acero inoxidable** se precisa la limpieza diaria con un lavavajillas. Para las manchas del agua va bien utilizar alcohol o vinagre de vino blanco. Para las incrustaciones de cal existen productos antical específicos, aunque también resulta efectivo frotarlas con zumo de limón o directamente con medio limón.

Limpieza del horno

➤ Infórmese sobre el **sistema de autolimpieza** del horno.

➤ Es más fácil limpiar el horno **en caliente con un paño húmedo y bicarbonato sódico**, pero cuidado: puede quemarse al principio, en cualquier caso es sofocante y hasta puede llegar a ser tóxico.

➤ Límpielo mejor **en frío**, retirando la grasa mayor con papel de cocina y lavándolo después con agua caliente y lavavajillas. No olvide la parte interior de la puerta. Aclare bien y seque con un trapo.

➤ **Prescinda de los productos limpiadores de hornos**: huelen mal y, en algunos casos, no se puede demostrar que no sean nocivos.

Malos olores en el horno

Deje chamuscar durante unos minutos **una piel de naranja o limón** en el horno a temperatura media: acabará con los malos olores, y además perfumará agradablemente su cocina.

Limpieza del microondas

➤ Lo mejor es **limpiarlo suavemente** después de cada uso.

➤ Si el interior huele, introduzca un recipiente con **agua y zumo de limón**, déjelo hervir 1 minuto y límpielo a continuación.

Limpieza del congelador

➤ En primer lugar es necesario **descongelarlo totalmente**. Utilice bandejas de recogida de agua y una toalla vieja para el agua no controlada.

➤ Puede acelerar el proceso de descongelado poniendo una **olla con agua caliente** en su interior o con el aire caliente de un secador de pelo.

➤ Si va a rascar las placas de hielo hágalo siempre con una **espátula de madera**, de otra manera podría dañar el congelador, o incluso dañarse.

➤ No utilice **nunca objetos punzantes o cortantes** para rascar el hielo: es uno de los principales motivos por los que se estropean estos aparatos.

Limpieza de la nevera

➤ Desmonte todos los **elementos móviles**: bandejas, repisas, soportes, etc.

➤ Lávelos en el fregadero con **agua y detergente** o con bicarbonato disuelto en agua.

➤ Aclárelos bien y séquelos con un trapo.

- Repase las **gomas de fuelle de las puertas** con cuidado y con una esponja húmeda.

- Limpie las **paredes interiores** con una esponja húmeda con agua y jabón.

- Las **manchas persistentes** salen con lavavajillas.

- Aclare bien y seque el interior de la nevera.

- Pase el aspirador de vez en cuando por las **rejillas de la parte trasera**, puesto que suelen acumular polvo con bastante facilidad y esto afecta a su correcto funcionamiento.

- Los **tiradores de acero inoxidable** de las puertas se limpian muy bien con una esponja humedecida en bicarbonato de sosa.

Malos olores en la nevera

Ponga en el interior de la nevera durante un rato un recipiente con leche hirviendo y los malos olores desaparecerán.

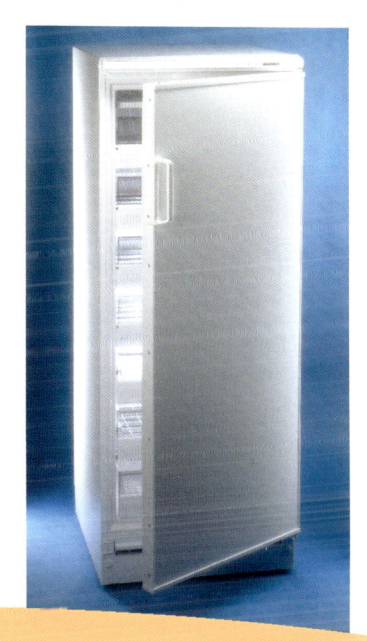

Limpieza de bombillas y fluorescentes

Es uno de los lugares donde se acumula más grasa y, por su altura, solemos limpiarlos con menos frecuencia.

- Límpielos **siempre apagados** y después deje que **se enfríen**, ya que además de quemarse, pueden explotar.

- Utilice un trapo impregnado en alcohol de quemar.

Prevenir la condensación

- **Ventile bien**: ponga el extractor o abra la ventana, sobre todo cuando cocine.

- **Tape bien** las ollas, sartenes y cazuelas y no producirá un exceso de vapor.

- Cocine siempre que pueda en **olla a presión** o en el **horno a baja temperatura**.

Limpieza de la campana

El correcto funcionamiento del extractor ayuda a conservar la cocina limpia, pues absorbe de manera eficaz los humos y vapores grasos que se crean al cocinar.

- Use una esponja húmeda con un detergente amoniacado.

- Procure **no mojar el motor** del extractor al limpiar las aspas del ventilador.

- **Séquelo inmediatamente** después de la limpieza.

- Si la campana incluye **filtros y rejillas**, desmóntelos periódicamente y lávelos en el fregadero con agua y detergente.

Manchas en la encimera

Deje que unas gotas de **limón o vinagre** actúen durante un par de minutos; no lo deje durante más tiempo porque el ácido puede atacar el mármol si la encimera es de esa piedra.

Baldosas y azulejos

- Límpielos con detergentes domésticos y aclare después.

- Utilice agua con un poco de lejía para limpiar las juntas.

- Si quedan restos o manchas de jabón, aclare mejor con agua y unas gotas de vinagre.

Contra los malos olores en la cocina

- Caliente **azúcar moreno** junto con unas **ramas de canela** a fuego lento; el olor que impregnará la cocina es parecido a cuando se está horneando un plato.

- Hierva unas **rodajas de limón** para eliminar el olor a comida quemada.

- Ponga un vaso de **vinagre blanco** junto a la sartén y evitará el olor a fritura.

53

El ahorro en la cocina

"Donde comen tres, comen cuatro", reza el dicho popular. Pero esto sólo ocurre en algunas casas. ¿Se han fijado en que hay casas a las que llegan invitados, a veces dos parejas, y en un momento todos están comiendo? En otras, sin embargo, llega uno de trabajar y no hay nada para cenar, y eso que vive solo. Lo más curioso es que en las casas donde se cumple el dicho, además, se suele comer bien, así que el mérito es doble, y en algunos casos casi un arte. Éstos son algunos consejos básicos para organizar los recursos de su cocina, optimizar los resultados y además ahorrar un poquito.

Cocine para 2 días

Ahorrará tiempo y dinero. Si cocina unas lentejas estofadas y son 3 en casa, no lo dude, haga el doble de cantidad, añada unos granos de arroz y unas patatas en tacos. Aporte sabor con unos dientes de ajo y unos trozos de chorizo. Al día siguiente, ya tendrá un plato preparado. Además, los estofados son mucho más sabrosos cuando han reposado de un día para otro. En ocasiones, el cambio es tan notable que no tendrá la sensación de repetir la misma comida. Al día siguiente, además, no perderá tanto tiempo en la cocina ni tendrá que volver a consumir energía en los fogones. Haga lo mismo con la tortilla de patatas, a muchas personas les gusta incluso fría. Siga el mismo consejo para los guisos en general y para las sopas. Procure recalentar sólo una vez y no guardarlo más días.

Compre productos de temporada

En la estación adecuada, las frutas, por ejemplo, son mucho más sabrosas y económicas. No se deje seducir por los primeros frutos que vea en el mercado o en la tienda porque los pagará a precio de oro. Seguramente son importados o los primeros de la temporada. Las setas constituyen un caso típico: a principios de otoño se ven las primeras, y la escasez y la novedad dispara los precios. A finales de otoño, sin embargo, aparecen a montones y el precio es muy asequible. Si alguien le quiere hacer un regalo ya lo tiene claro: existen magníficos libros que relacionan los productos naturales con la estación más adecuada para así adquirirlos a buen precio y disfrutar de todo su sabor.

Controle la calidad de los alimentos

Sea prudente en todo momento y no lleve el ahorro y el buen hacer en la cocina a extremos innecesarios. Si un producto o un plato cocinado han estado varios días en la nevera, nota que huele un poco más fuerte de lo normal o sospecha que puede estar en mal estado, no lo dude un instante: tírelo sin contemplaciones.

Reaproveche bien los alimentos

Haga croquetas o canelones con el pollo que le sobra del caldo, o prepare una tortilla con la verdura del día anterior. Si hace un sofrito, haga un poco más y prepare algo de pasta. Si queda una botella de vino abierta, guárdela para cocinar: utilice el tinto para los estofados y el blanco para los pescados o para el pollo. Aproveche la fruta muy madura y haga mermeladas o macedonias. Acostúmbrese a pensar siempre así y la inventiva se irá desarrollando sin que se dé cuenta. Empezará haciéndolo por ahorro y acabará descubriendo una afición. Llegará un día en que se dará cuenta de que todo tiene un segundo sabor, una segunda forma y también un gran ahorro.

Compre grandes cantidades

Sobre todo en los productos que consume habitualmente. Los precios son mejores en envases grandes que en pequeñas porciones. Tenga cuidado con las fechas de caducidad. Ahorrará tiempo y desplazamientos, y recuerde que hay numerosos establecimientos con servicio a domicilio, incluso gratuito a partir de un determinado importe. Compare el precio del pescado troceado o comprando piezas enteras: a veces es desorbitada la diferencia. Igual ocurre con el pollo troceado y un pollo entero. Compre un pollo entero y con la diferencia adquiera unas buenas tijeras de cocina. O mejor aún, compre una merluza entera y pida que se la corten en rodajas y la pongan en 2 paquetes: 2 rodajitas por persona, unas patatas laminadas, una cebolla troceada y unos minutos con el caldo de la cabeza hervida, es un plato más que respetable. Luego, déjelo reposar y verá al día siguiente; estamos hablando de una merluza de 9 euros, con la que una familia de 3 miembros cena hoy y mañana come pescado fresco.

Cocine con imaginación

Con ingredientes muy económicos se pueden hacer comidas excelentes. Sólo hay que dar un toque de gracia a lo más básico. Añada unos ajitos a las patatas fritas, haga pasta con un simple calabacín, invente tortillas de diferentes verduras y revueltos de huevo con setas, trigueros, cebolla o un simple tomate. Añada espinacas y huevo duro a un estofado de garbanzos, disfrute de cómo las patatas se impregnan del sabor del pescado. Juegue y verá cómo no hay límites: haga el pollo a la plancha, añada otro día ajo y perejil, cocínelo al limón, frito con almendras, troceado y al ajillo, dorado al *curry*, al horno y relleno, en filetes de pechuga rebozados, guisado con zanahorias o con setas y así hasta descubrir que es un juego de sabores, colores y texturas tan maravilloso como barato.

Organice el consumo para no tirar nada

Programe bien en qué orden irá comiendo lo que tiene en la nevera para que nada se estropee. Coma las verduras frescas el día que las compra. Consuma con prioridad lo que ya tiene cocinado. Controle las fechas de caducidad y organice un orden razonable. Es absurdo tomarse un yogur que caduca al cabo de 20 días y dejar el frutero lleno de fruta fresca. La señal de que se ha organizado bien es precisamente ésta: no tiene que tirar nunca nada.

Recuerde

- Tenga siempre en cuenta las fechas de caducidad, especialmente si compra en grandes cantidades.
- En la cocina no se tira nada, pero ante la duda se tira todo.

Terrazas y balcones

Las terrazas y los balcones son un espacio abierto al exterior, un mundo nuevo que aporta una diferente dimensión al piso y que bien organizado puede transportarle a ambientes muy acogedores. Un mobiliario cómodo, un toldo que proteja del sol y cuatro macetas bien escogidas pueden hacer de su terraza un verdadero paraíso.

El problema del peso

Las plantas constituyen un elemento básico para hacer que su terraza en medio de la ciudad se convierta en un pequeño rincón de rico colorido y diferentes fragancias. Es muy importante, sin embargo, que distribuya correctamente sus macetas y jardineras, ya que el peso que alcanzan una vez llenas de tierra es muy elevado:

➤ Recuerde que el borde de la terraza es la parte más resistente del suelo, así que distribuya las macetas más pesadas en las esquinas y alrededor de la terraza.

➤ No haga grandes agrupaciones de macetas para que el peso no se concentre en un solo punto.

➤ Descarte la idea de poner una gran maceta en el centro de la terraza: come mucho espacio y se asienta sobre el punto menos resistente al peso.

➤ Adquiera jardineras ligeras, de plástico o fibra de vidrio.

➤ Utilice preferentemente sustratos ligeros, como la tierra compuesta de turba.

➤ Utilice también bolsas de crecimiento: aunque no resultan muy estéticas, son muy útiles cuando se trata de plantas colgantes, y las tapan en pocas semanas.

➤ Las macetas colgantes no contribuyen a acumular peso sobre la terraza, ya que se apoyan en la fachada de la casa, así que ante problemas de debilidad en el suelo son una buena solución.

➤ Si quiere hacer un gran jardín en su terraza, consulte al arquitecto de su edificio y asegúrese de la normativa de su Ayuntamiento.

El riego

➤ Eleve las macetas del suelo con listones de madera, soportes, patas u otros sistemas que permitan que el exceso de agua fluya libremente.

¡Cuidado!

Tenga mucho cuidado con las azoteas de las casas: muchas veces no están pensadas para ser habitadas, y su resistencia al peso es muy inferior a la de terrazas y balcones.

➤ Riegue de noche para que el sol no caliente el agua.

➤ Procure que el agua no gotee a la calle o a terrazas inferiores: si es necesario, utilice bandejas de recogida de agua del riego.

El viento y el sol

El viento y el sol son por lo general dos de las molestias

más frecuentes en una terraza, tanto para usted como para las plantas, así que es muy conveniente tomar algunas medidas de protección:

➤ Afiance bien las plantas que coloca en el muro de su terraza para que el viento no pueda tirarlas y originar un accidente que pudiera ser mortal.

➤ Sitúe las plantas fuera del batido continuo del viento: el tambaleo continuado acaba dañando las hojas, los vientos fríos son muy duros para muchas plantas, y los vientos cálidos secan muy rápidamente la tierra y pueden quemar el follaje.

➤ Estudie bien el tipo de plantas que elige de acuerdo con la orientación de su terraza y con la intensidad y las horas de sol que recibe. Utilice el toldo tanto para usted como para sus plantas, ya sea ante el tórrido sol del mediodía como ante una granizada ocasional (en este último caso deberá elegir entre proteger las plantas o proteger el toldo).

➤ Evite los paneles rígidos para protegerse del viento, ya que crean turbulencias, son más peligrosos por la resistencia total que ofrecen y suelen ser más antiestéticos.

➤ Son preferibles los entramados de madera, que filtran y dispersan el viento más suavemente, dejando en ocasiones un suave movimiento de aire que se agradece, y por los que puede encaramarse una bonita enredadera.

➤ Recuerde que las hiedras son las plantas más resistentes para cubrir estos entramados "paravientos". También sirven las rosas trepadoras de pequeño tamaño, el jazmín amarillo y la hortensia trepadora.

Su jardín acuático

Los nenúfares y otras plantas son cada vez más solicitadas para crear jardineras acuáticas: las especies vegetales que se utilizan no son muy habituales, así que se gana en originalidad, al tiempo que la superficie quieta del agua crea agradables reflejos que se alternan con el suave movimiento del agua cuando sopla el viento:

➤ Elija una maceta de tamaño moderado: piense que va a estar llena de agua y que el agua es muy pesada.

➤ Debe elegir jardineras resistentes, como las de hormigón, aunque una buena elección es media tina de madera.

➤ Es necesario que estas jardineras tengan bastante profundidad (unos 45 cm como mínimo).

➤ Elija especies pequeñas, que no tapen la superficie del agua, que es tan protagonista o más que las propias plantas.

La despensa en la terraza

Cultivar frutas y verduras en la terraza no sólo es posible, sino mucho más fácil de lo que parece. No hace falta un gran espacio ni obras especiales, sólo la elección de jardineras y maceteros adecuados, unas buenas semillas y los cuidados normales que precisan otras plantas. Si se eligen bien, servirán tanto para decorar la terraza como para descubrir una nueva afición y proporcionarnos un buen número de alimentos: la recompensa es salir a la terraza y hacerse con unas ramitas de tomillo para la carne, cortar unas hojitas de perejil para una salsa verde, coger unos limones para un zumo o tener unas fresitas para el postre.

Los árboles frutales

Muchos árboles frutales pueden crecer en macetas, aunque es preferible que elija árboles enanos, más pequeños y compactos, hoy en día muy habituales gracias a los injertos:

- Los manzanos y los perales se encuentran fácilmente como arbustos enanos. Sólo necesita plantar varios para asegurar su polinización cruzada, y por tanto buenas cosechas de frutas. Pida asesoramiento en su centro de jardinería o en viveros especializados.

- Los melocotoneros y las nectarinas también se encuentran en variedades arbustivas de pequeño tamaño. Estas especies florecen antes de que los insectos polinizadores hagan acto de presencia, así que es necesario colaborar a mano en su polinización. Para ello, sólo hay que dotarse de un pincel y tener la paciencia de frotar ligeramente una flor para poder trasladar el polen de una a otra.

- Los cítricos son quizá los más conocidos, tanto los limoneros como los naranjos, a la vez que los más resistentes y los más agradecidos por su colorido.

- Las higueras aportan un ambiente muy exótico con sus grandes hojas, y tienen la ventaja de que, al ver reducidas sus raíces a un macetero, se desarrollan en tamaño moderado. Por el contrario, deben protegerse bien en invierno, ya que son muy sensibles a las heladas.

- La vid crece también muy bien en macetas y tiene la ventaja de que se le puede ir dando forma a medida que crece, además de que en nuestro país suele aguantar bien en el exterior durante todo el año.

- Los cerezos y los ciruelos son hoy en día muy frecuentes como ejemplares de pequeño tamaño, pero capaces de dar buenos frutos. Tienen la ventaja de que pueden autofertilizarse, así que basta con un único ejemplar.

Cuidados generales

- La norma básica para los árboles frutales es mucho sol y resguardo del viento.

- La tierra nunca debe secarse.

- Agradecen generosamente los aportes de abono: en primavera y verano hay que aplicar semanalmente un fertilizante líquido con un alto contenido en potasio, lo que favorece el desarrollo y la maduración de la fruta.

➤ Si han aparecido las flores de primavera y hay riesgo de alguna helada tardía, cubra los frutales con plástico transparente para que no sufran: si se estropean las flores, no tendrá fruto.

➤ No deje que produzcan cosechas muy pesadas o al año siguiente la producción será escasa. Corte los frutos jóvenes y deje sólo unos cuantos.

➤ Cada año, a finales de otoño, es necesario un trasplante para reemplazar la tierra.

➤ Asesórese sobre las necesidades de poda y fumigado del frutal que ha elegido.

Las verduras

La posibilidad de tener tomates, rábanos o calabacines en la terraza de casa es más que nada un concepto de hogar. La afición será un magnífico ejemplo para sus hijos, y de verdad que es una satisfacción poder comer algo que nosotros mismos hemos plantado:

➤ Las JUDÍAS VERDES se cultivan bien en macetas. Siembre las semillas directamente en la maceta al principio de verano, espaciadas unas de otras 10 ó 15 cm.

➤ Los TOMATES son una elección muy adecuada, ya que se adaptan bien a las bolsas de crecimiento. Hay que plantar los tomates en el interior a comienzos de primavera, un máximo de 3 plantas por bolsa para no saturarla, y sacarlos fuera cuando ya no haya peligro de heladas.

➤ Los PIMIENTOS Y BERENJENAS requieren veranos calurosos. Se cultivan igual que los tomates.

➤ Los CALABACINES son hortalizas muy productivas, aunque también extraordinariamente sensibles a las heladas. En cada bolsa de crecimiento se pueden colocar 2 plantas, disponiendo una a cada extremo.

➤ Los RÁBANOS son perfectos para su cultivo en maceta. Si se riegan correctamente pueden lograr crecimientos sumamente rápidos, hasta el punto de que se pueden plantar en sucesión en intervalos de 2 semanas en primavera y verano.

Las bolsas de crecimiento son muy útiles para las verduras: son bolsas de 1 m de largo y 30 cm de ancho, rellenas de tierra, generalmente turba. En la parte superior de la bolsa se hacen unas perforaciones para plantar o sembrar, y son adecuadas tanto para cultivos estacionales (como los tomates) como para varias cosechas sucesivas (como ocurre con los rábanos).

Un aroma especial

No sólo piense en frutos y verduras para "arrancar": las plantas aromáticas como el tomillo o la menta pueden proporcionar a su terraza aromas capaces de transportarle a la Naturaleza.

La zona de la terraza más adecuada es aquélla que disfruta de más horas de sol, sobre todo para las verduras tiernas, como tomates, pimientos o berenjenas.

El jardín

*E*s cierto que en las ciudades y en los pisos no se suele contar con un jardín, pero no es menos verdad que en los últimos años han proliferado las casitas adosadas con un pequeño jardín en las poblaciones y en los barrios residenciales de la periferia de la ciudad, así como en los cada vez más abundantes chalés en la playa y en la sierra.

Los 6 elementos del jardín ideal

Los 6 elementos que se detallan a continuación constituyen una relación global con la naturaleza. Si todos ellos están bien representados, se establece un perfecto equilibrio que simboliza la más plena armonía:

1. Un estanque para el agua.
2. Un reloj de sol.
3. Una estatua de metal.
4. Árboles que simbolicen la madera.
5. Rojos y naranjas para representar el fuego.
6. Tierra abundante y rica para simbolizar el planeta.

Las 4 áreas de la vida

El jardín debe representar un espacio para la vida, para el encuentro y el disfrute personal, de manera que tienen que albergar espacios para las diferentes actividades humanas:

1. Un lugar para sentarse, contemplar y meditar.
2. Senderos acondicionados para el paseo.
3. Áreas ocultas para la sorpresa, el misterio y la excitación.
4. Zonas donde comer plácidamente, como un cobertizo de madera.

Ahorre dinero

Instale un sencillo sistema de recogida de aguas en el techo de su casa, en el del garaje o en el cobertizo y podrá abastecer su estanque, las fuentes o chorros de agua de su jardín, e incluso parte del riego.

Las 10 normas básicas del Feng Shui

1. Las cuatro coordenadas
En el mundo ideal del Feng Shui, el jardín debería rodear la casa por sus cuatro costados. La fama se potenciaría al Sur con un bonito césped, la protección la aportaría una montaña al Norte, la sabiduría del dragón vendría de una colina al Este y el tigre se mantendría a raya con un lago al Oeste.

2. El predominio de las curvas
La norma fundamental para los jardines, como en gran parte de arte chino de la armonía, es que haya curvas y más curvas, que se suavicen las aristas con diferentes soluciones: un ejemplo es cubrir las columnas cuadradas del porche con plantas trepadoras que asciendan en espiral, lo que no sólo cubre los ángulos, sino que también sustituye la dureza del material por la fragilidad y el color de las plantas.

3. La proporción es la base de la armonía
Todo debe estar proporcionado: nada debe ser ni demasiado grande ni demasiado pequeño; sólo así se mantiene el equilibrio.

4. La norma es quitar y quitar
En Occidente, un jardín se da por finalizado cuando ya no caben más plantas, más estanques ni más esculturas; en China, un jardín queda acabado cuando ya no se le puede quitar nada más.

5. Tapar las vistas desagradables
Las papeleras o cubos de basura se deben tapar con enrejados cubiertos por plantas trepadoras, de la misma forma que las vistas poco bellas o los muros pueden cubrirse con bambú.

6. Identifique el resto de zonas
Utilice el Pah Kwa y localice cada zona de enriquecimiento en su jardín: a partir de esta situación, organice el espacio y sitúe las zonas para comer, para pasear, para descansar, etc.

7. Ponga lirios en su jardín
Según la tradición china, los lirios representan el oro. Identifique la zona de su jardín que corresponde al dinero y plante unos cuantos lirios para que favorezcan su economía.

8. Dé protagonismo al agua
Sitúe un estanque redondo en el centro del jardín y tenga peces y plantas acuáticas en él. Incorpore también agua en movimiento, como un chorro que describe una suave curvatura mientras susurra a sus oídos su continuo movimiento...

9. Acceda a la casa en suaves curvas
No es conveniente que el sendero que une la casa y el jardín sea recto, ya que incita a llegar a la puerta de su hogar de manera demasiado directa, rápida y precipitada. Tienda a crear alguna ligera curvatura, haciendo de la aproximación un suave paseo.

10. Puertas y vallas de madera
La madera es un material noble, que armoniza con los árboles y con la Naturaleza. Evite también las líneas rectas, los ángulos y las formas duras. Tienda a utilizar troncos redondos y no descarte materiales inusuales, como cañas, ramas y otros elementos naturales.

La biblioteca

No todas las casas tienen una habitación destinada a ser biblioteca, así que no nos referimos tanto a una estancia concreta y especializada, como a ese rincón que hay en todo hogar donde se acumulan algunos libros, leídos y por leer, en una estantería de la sala de estar, en una repisa en el recibidor o en un estante en la habitación.

El concepto de biblioteca

Una buena definición de biblioteca: "Allí donde se reúnen más de tres libros, presididos por un principio de ordenación y con un proyecto de lectura, nace una biblioteca".

Criterios de organización

El truco de las dicotomías

La diferencia entre uno o varios montones de libros y una biblioteca no es la cantidad de libros en sí, sino su organización bajo criterios de clasificación. Un primer paso a dar podría ser dividir sus libros en 2 grandes grupos según diferentes criterios:

- Diferenciar entre libros **útiles** y libros que puedan ser **desechables**.
- Distinguir entre libros **de estudio** y libros **de distracción**.
- Separar los **diferentes géneros literarios**: novelas, ensayos, libros de texto...
- Agruparlos **por materias**: Humanidades, gastronomía...
- Clasificarlos **por tamaños** para que se ajusten a la altura y la profundidad del mueble o de las estanterías de las que se dispone.
- Distinguirlos **según su uso**: los de uso habitual y los de consulta poco frecuente (de manera que se puedan colocar en lugares más o menos accesibles).
- Separar los de gran **valor**, como alguna pieza de colección, de los de menor valor, sobre todo para que no sean accesibles a los niños, por ejemplo, o resguardarlos en un lugar más seguro.
- Los **personales** y los **familiares**, un tema un tanto discutible, pero en cierta manera lógico, como ocurre con libros sobre sexualidad o con temas de violencia, que no quiere que estén al alcance de sus hijos.

Las bibliotecas son algo más que libros

Las nuevas tecnologías y la gran variedad de soportes que hoy en día se encuentran a nuestro alcance han abierto un gran horizonte en la biblioteca de casa. **Las colecciones de CDs, los recortes de prensa, los mapas, las revistas, las cintas de vídeo** y otros tantos soportes acaban intercalándose en la biblioteca hasta formar un nuevo concepto, donde el libro y el papel son sólo dos más de sus múltiples protagonistas. Utilice los mismos criterios de clasificación relativos a los libros para organizar también sus vídeos, CDs, mapas, partituras, disquetes, diapositivas, fichas coleccionables, fascículos, etcétera.

Las 10 reglas de oro para formar una biblioteca

Establezca un lugar adecuado para su biblioteca y calcule cuál puede ser su volumen de crecimiento. Si dispone de una habitación, que esté bien ventilada, sin humedades, orientada al Norte o a levante, que se pueda mantener a una temperatura entre 15 y 20 °C aproximadamente y fácil de limpiar.

Puede desperdigar su biblioteca: es decir, distribuirla fragmentadamente por diferentes puntos de la casa, con sus libros técnicos en su habitación de estudio o junto a su despacho, los libros de recetas en una cristalera en la misma cocina, ciertos libros en la sala de estar a disposición de las visitas, libros de lectura junto a su mesita de noche, e incluso un par de libros de relatos cortos para sus "estancias" en el baño.

Empiece desechando: en todas las casas se van acumulando (sin saber cómo) pilas de libros que nadie ha leído ni va a leer. Existe un cierto tabú en lo relativo a tirar libros. Regale los libros que no utiliza a organizaciones que los destinan al Tercer Mundo, entréguelos en la biblioteca del barrio o vaya a un mercadillo a venderlos o cambiarlos por otros.

Conserve bien los libros: ciérrelos con cuidado para que no se doblen las páginas, utilice puntos de lectura para señalar una página, si quiere marcarlos hágalo con lápiz y suavemente, y cuide su encuadernación. Alguien dijo que son seres vivos...

Muebles cerrados o muebles abiertos: los primeros son normalmente acristalados y ofrecen más protección, aunque suelen ser algo más caros y además si el acceso es continuo llegan a cansar, así que se reservan para colecciones especiales; los muebles abiertos, las librerías clásicas o las estanterías, aunque acumulan más polvo y requieren una visita más frecuente del plumero, son más accesibles.

Piense en la altura de los libros: uno de los mayores problemas es la altura de los estantes, que muchas veces obliga a situar horizontalmente los ejemplares de mayor tamaño. Lo ideal son las estanterías ajustables en altura, de manera que se puedan establecer espacios bajos para libros de bolsillo y espacios más altos para volúmenes de mayor formato.

Piense en la anchura de los libros: no los vaya colocando hasta aprovechar el último milímetro porque necesitan respirar como cada uno de nosotros. Manténgalos lo suficientemente holgados como para que puedan deslizarse hacia nuestras manos con elegancia, sin arrastrar a sus compañeros, como si fuese un ritual de elección en el cual queda claro que sólo ese ejemplar merece hoy "nuestros honores".

La colocación más adecuada es situar los libros de gran tamaño en la parte baja y los más manejables en la parte alta. No los ponga hasta tocar el fondo, ya que los libros pequeños quedan demasiado hundidos, pierden presencia estética, y si están muy arriba llegan a desaparecer a la vista.

No mezcle libros, trofeos y figuritas: colocar los libros casi hasta el borde le evitará tentaciones: no hay nada peor que necesitar las dos manos para coger un libro y tenerlas ocupadas sujetando cualquier otro objeto.

Su biblioteca es una buena amiga: háblele, sincérese con ella, intente enriquecerla como ella le enriquece a usted, cuídela y manténgala limpia.

63

El despacho en casa

Cada vez son más las personas que trabajan en casa: la autoocupación, las nuevas profesiones, los trabajos a tiempo parcial y las posibilidades que han abierto el teléfono, el fax, el ordenador, Internet y otras nuevas tecnologías han provocado que muchas personas organicen en su casa un área de trabajo: a veces una simple mesita con ruedas en el dormitorio, otras veces una mesa en un rincón del salón, y muy a menudo incluso una habitación entera organizada como despacho.

El despacho integrado en otra habitación

Es lógico que si su área de trabajo está en la habitación o en la sala de estar, vea condicionada la decoración de su despacho para que se adapte al conjunto de la estancia, pero no deje que esta circunstancia le impida crear un área adecuada para trabajar. Recuerde que los muebles de despacho han de ser funcionales, ya que la prioridad es la comodidad, que le permitirá trabajar a pleno rendimiento. La mejor forma de separar este espacio del resto de la estancia es poniendo una alfombra que delimite su área de trabajo.

¿Qué actividad desarrolla?

Tener esta cuestión clara es un elemento básico para determinar dónde se puede colocar el área de trabajo. Un maquetista, por ejemplo, genera continuamente residuos y puede impregnar la sala de olor a pegamento, así que, instalarse en el salón no es lo más adecuado. La sala de estar puede ser muy adecuada si se dedica a escribir, ya que muchas veces es la zona más cálida y acogedora de la casa (aunque también puede ser la menos tranquila si hay mucho movimiento de familia).

Feng Shui en su despacho

Compruebe en primer lugar dónde se encuentra la zona de trabajo de su casa según las directrices del Feng Shui, y procure establecer allí su despacho o su área de trabajo. Lo más adecuado sería que coincidiera con la zona del dinero y el enriquecimiento, aunque si se encuentra entre las personas a las que les encanta su trabajo, también puede coincidir con la zona del placer. En casos muy concretos, como el de un actor o el de un novelista, incluso puede hacerse coincidir con la zona de la fama.

La iluminación

Es importante una **doble *fuente de luz***: una iluminación general, que cubra toda la estancia con una luz suave y procedente del techo, y una iluminación más localizada, normalmente en forma de flexo sobre la mesa y situada de forma que provoque la menor cantidad de sombras. De todas formas, la mejor iluminación es la luz natural. Situarse en una habitación orientada al Sur le proporcionará mayor tiempo de sol, y a la vez le permitirá mirar por la ventana de vez en cuando.

El orden es fundamental

Mantenga su despacho ordenado y limpio, separe el material de trabajo de los artículos para el ocio y tenga una agenda a la vista con el trabajo para toda la semana. Si cambia de tarea, recoja primero lo utilizado para la anterior y empiece la nueva con el despacho impecable. No archive papeles innecesarios y vacíe su papelera con regularidad.

Aporte personalidad a su despacho

Decórelo según su gusto personal y tenga a la vista detalles de su actividad: cuelgue un tablón de objetivos y márquelos según los va obteniendo, decore las paredes con alguna lámina alusiva a su profesión, enmarque alguna frase que le inspire, o coloque sobre su mesa una foto familiar: le recordarán que lucha por algo más que por usted mismo.

Espacio multifuncional

Si sólo trabaja esporádicamente en casa, puede concebir su despacho como un espacio multifuncional. Por ejemplo, utilícelo como sala de lectura, ponga una televisión pequeña por si un día hay discrepancias en la familia sobre qué programa ver, instale algún juego para los niños en el ordenador y cuantos otros usos se le ocurran.

65

Vestíbulos, recibidores y pasillos

Las zonas de entrada y acceso a la casa no son en absoluto secundarias. Es cierto que se pasa por ellas de forma fugaz y que son básicamente zonas de paso, pero adquieren gran importancia si consideramos que son las que causan la primera impresión a un visitante, y también las que nos harán respirar una u otra atmósfera al llegar cada día a casa.

Formar un único conjunto

Quizá lo más recomendable para transmitir una completa **sensación de armonía y calidez** es que tanto el vestíbulo como el pasillo estén pintados de un mismo color y que mantengan idéntico estilo de decoración. Transgreda esta norma únicamente si tiene muy claro qué juego de contrastes quiere ofrecer.

Materiales prácticos

Estas zonas de paso suelen ser las más transitadas y, por tanto, las más castigadas de la casa.

Puede utilizar **TONOS CLAROS EN LAS PAREDES**, ya que aportan luminosidad a una zona que no suele tener ventanas, pero evite los tonos claros en los tejidos, ya que el continuo roce los ensucia muy rápidamente.

Coloque **CUBREPAREDES** alrededor de los interruptores para no manchar la pintura o el papel con el uso diario.

Elija un **SUELO RESISTENTE Y FÁCIL DE LIMPIAR** y acostúmbrese a utilizar el felpudo de la entrada.

Busque la calidez

Tienda a los colores más bien cálidos, ya que tienen la propiedad de crear una excelente sensación de acogida, y combínelos a su vez con varias bombillas de bajo voltaje o bien con varios focos en miniatura.

No descarte instalar algún elemento especial, como unas velas, unas flores frescas o una pecera.

Esta última aportará vida al recibidor: el suave movimiento del agua, la luz especial de estos acuarios y unos peces bonitos resultan siempre muy agradables a la vista.

Aproveche los rincones

Un perchero, un paragüero, una lámpara de pie o una escultura, lo que quiera o lo que le venga bien, pero intente (en la mayor medida posible) romper los ángulos de un recibidor que suele ser cuadrado o rectangular e intente crear un ambiente circular, más acogedor y por donde se fluya con mayor comodidad.

1 Sin obstáculos

En el recibidor y en el pasillo debe favorecerse la circulación fluida. No guarde nada detrás de la puerta que pueda impedir que ésta se abra ampliamente y, sobre todo, no ponga obstáculos que hagan difícil el tránsito por el pasillo o puedan suponer un riesgo continuo.

2 Rompa la sensación de tubo

Especialmente en los pasillos muy largos unidos a recibidores rectangulares: ponga una puerta entre uno y otro para dividir bien los dos espacios, e intente dar la sensación de que el pasillo se divide en dos zonas; puede ayudarse con dos alfombras diferentes, con un mueblecito en la zona central, o con juegos de luces diferentes.

3 Rentabilice estos espacios

Que no sólo sean áreas de paso: si tiene espacio en el recibidor, haga un armario empotrado, utilícelo como trastero o como vestíbulo y destínelo a objetos que no quiere que acaben de entrar en casa. Puede bajar los techos y tener un altillo para almacenar trastos, o incluso una vitrina con sus trofeos de caza, sus medallas o su colección de sellos.

4 La puerta principal y el Feng Shui

La puerta principal de la casa tiene gran importancia. Si la puerta es muy grande, entrará demasiada energía y se sentirá abrumado, pero si es muy pequeña, le constreñirá y se sentirá ahogado.

La puerta de la casa debe estar siempre bien iluminada desde fuera, en especial si se encuentra en la zona de la fama, ya que usted no debe ocultar nunca su propia luz.

Rincones difíciles

Si los ángulos de una estancia no son de 90 °C, la decoración se complica. Surgen serias dificultades para adaptar unos muebles que mayoritariamente han sido diseñados para adaptarse a ángulos rectos, de la misma forma que aparecen dificultades cuando una estancia tiene alguna forma redondeada, por ejemplo el típico ventanal que sobresale de la fachada en forma de ábside.

Los ábsides acristalados

Si el diámetro del ábside es pequeño, se puede incluso dejar sin amueblar: más vale la sencillez que una pieza mal elegida y con sensación de desubicación. Lo mejor es instalar un riel curvo y adaptar la cortina a la curvatura de la cristalera.

Utilizar el ángulo como escenario

Un ángulo muy cerrado puede concentrar la visión también de forma positiva, cobijando en esa esquina una escultura o cualquier otra pieza alta y redondeada, forma ideal para que el objeto quede bien contextualizado en el rincón.

Potenciar la curva

Es un concepto genérico basado en no luchar contra algo que no se puede cambiar. Si hay un problema con una pared curva es mejor potenciarla y hacer que ésta sea el aspecto característico de la sala.

Un rincón también puede tener un marcado protagonismo.

Soluciones prácticas para rincones difíciles

Hay muchas maneras de solucionar el problema de los rincones "molestos". Éstas son sólo algunas sugerencias que pueden orientarle:

➤ **Haga armarios empotrados**, por ejemplo, en paredes curvas de difícil uso, ya que generalmente no tiene importancia que el fondo del armario tenga forma redondeada. Esta técnica también se puede aplicar debajo de las escaleras, en las zonas de la buhardilla donde el techo inclinado no le deja estar de pie y, en definitiva, en cualquier ángulo muy agudo de la casa.

➤ **Elimine puertas**, especialmente en las zonas donde se unen hasta 3 puertas que se molestan mutuamente al abrirse y cerrarse.

➤ **Coloque muebles en diagonal** que rompan directamente el ángulo recto que se forma en la esquina, y dé un aspecto más redondeado a la estancia.

➤ **Utilice el cristal**, ya sea en mesas, en lámparas o en espejos, ya que dan una visión más ligera.

➤ **Realce la curva** en lugar de luchar contra ella, por ejemplo poniendo una cortina que se adapte a un ventanal redondeado mediante un original riel semicircular.

➤ **Utilice estanterías triangulares** para convertir un ángulo en una superficie recta, ya que la estantería encajona uno de sus vértices en el ángulo y lo aprovecha al máximo.

➤ **Busque un mueble modernista**, ya que destacan las líneas curvas y pueden armonizar bien con los rincones de difícil trazado.

➤ **Juegue con la iluminación**, dejando esos rincones entre la penumbra y la semioscuridad, lo que hará que pasen más inadvertidos.

➤ **Desvíe el protagonismo**, colocando en la estancia donde haya un ángulo muy incómodo un gran cuadro, una escultura iluminada u otros elementos que concentren toda la atención.

➤ **Tápelo al máximo**, por ejemplo con un biombo o haciendo llegar las cortinas hasta el ángulo.

➤ **Instale un plato de ducha** si el ángulo está en el baño, ya que la cortina lo tapará, y cuando se duche no tendrá gran importancia.

69

Muebles y accesorios complementarios

La organización de la casa implica también una concepción especial de los muebles. Tenerlos empotrados o a medida o, por el contrario, utilizar muebles polivalentes, es una de las decisiones más importantes a la hora de organizar su hogar, sobre todo teniendo en cuenta que hoy en día la movilidad es muy alta y las mudanzas cada vez resultan más frecuentes: de la casa de los padres se pasa a un piso de estudiantes, luego a un piso de soltero, después se incorpora la pareja, muchas veces se opta por un estudio con una habitación, posteriormente se necesita un piso más amplio, y en muchos casos se acaba aspirando a la casita unifamiliar.

Armarios empotrados y muebles a medida

No cabe la menor duda de que tanto los armarios empotrados como los muebles a medida se han convertido (cada vez más) en una magnífica solución para organizar la casa, pero tienen un inconveniente: acaban formando parte inseparable de ésta, así que es casi imposible adaptarlos a una nueva vivienda en caso de traslado.

Muebles polivalentes

Pueden **1** *moverse por la casa* mediante ruedas o guías, con lo cual se pueden instalar en diferentes rincones, como es el caso de las mesitas con ruedas de las cocinas.

Se pueden **2** *adaptar a espacios pequeños*: el caso más ilustrativo lo constituyen las pequeñas mesas de ordenador, con todo tipo de complementos y especialmente diseñadas para reunir todo el equipo en un espacio muy reducido.

Pueden **utilizarse para diferentes funcione**s, como ocurre con **3** un sofá cama, que permite tener de día una estancia en forma de sala de estar, y por la noche o con la visita de invitados, convertirse en un buen dormitorio. Lo mismo ocurre con los baúles y los arcones, que permiten guardar cosas en su interior y ser utilizados como banquetas.

Son muy **adaptables a otra vivienda** en caso **4** de mudanza, precisamente por su carácter versátil.

70

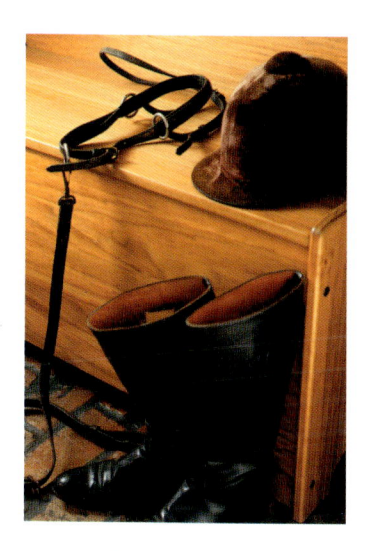

Muebles y accesorios del recibidor

Es fundamental que el recibidor esté organizado de manera que nos permita descargar todo lo que normalmente traemos sin entrar en casa:

- Un **colgador** permite dejar la gabardina, el abrigo, el chubasquero o el paraguas sin necesidad de entrar de pleno en casa (y ocupar parte de un armario donde tiene camisas planchadas o vestidos delicados). Puede tener un perchero a la vista, aunque lo mejor es un pequeño armario en el que dejar las prendas guardadas.

- Una **cómoda** permite tener 2 ó 3 cajones para guardar unos fusibles, algunas monedas y otras cosas que puede necesitar de pronto, aunque son especialmente útiles 2 piezas: un cuenco de madera donde dejar las llaves y siempre saber dónde están (si es de madera, conseguirá evitar sonidos desagradables al dejarlas), y una bandeja donde se deja el correo y así cada miembro de la familia puede cogerlo.

- Un **espejo** conseguirá agrandar la estancia, y a la vez permite que nos demos un último vistazo al salir de casa: no es pura coquetería, sólo una forma de evitar que lleguemos al trabajo con una legaña "indiscreta".

Accesorios para el televisor

Dos de ellos son especialmente útiles:

- El **carrito de ruedas** circular, que permite trasladar el aparato a cualquier sala.

- La **base giratoria** que permite orientar el televisor sin moverlo.

Los módulos componibles

Diferentes módulos y accesorios que se combinan eligiendo entre diferentes modelos son una forma de beneficiarse de los buenos precios de la producción en serie, pero adaptándose a sus gustos y necesidades personales.

Un buen repertorio de mesitas

Las hay de numerosos estilos y pensadas para diferentes funciones:

- **Mesitas auxiliares plegables**, que pueden utilizarse en diferentes puntos de la casa: deben ser fáciles de abrir y cerrar, manejables y bonitas (incluso cuando estén plegadas).

- **Mesitas nido**, consistentes en un grupo de mesitas, normalmente 3, que encajan unas dentro de las otras y ocupan un espacio bastante reducido. Recogidas forman una sola mesa, pero permiten sacar la mesita mediana, la pequeña (o las 2) según las necesidades.